Escogido de los Hombres, para los hombres

EL MINISTERIO SACERDOTAL ANTE LOS CAMBIOS MODERNOS. Lectura analítico-meditativa de Pastores dabo vobis de Juan Pablo II.

Lévi Kasongo De la Compassion

Escogido de los Hombres, para los hombres
EL MINISTERIO SACERDOTAL ANTE LOS CAMBIOS MODERNOS.
Lectura analítico-meditativa de Pastores dabo vobis de Juan Pablo II.

Primera edición: 2024

ISBN: 9788410191013
ISBN eBook: 9788410143913

© del texto:
    Lévi Kasongo De la Compassion

© del diseño de esta edición:
    Caligrama, 2024
    www.caligramaeditorial.com
    info@caligramaeditorial.com

Impreso en España – Printed in Spain

A sus Eminentísimos Robert Cardenal SARAH,
Jean-Marc Cardenal AVELINE, Arzobispo de Marsella.

Al pueblo fiel, que reza sin cansarse para que
haya muchas y santas vocaciones al sacerdocio.

Todo sumo sacerdote es tomado de entre los hombres y está puesto en favor de los hombres..., la «humanidad» del ministro de Dios: pues procede de los hombres y está al servicio de los hombres imitando a Jesucristo...

Juan Pablo II

Tradidi quod et accepti, es decir «he transmitido lo que yo mismo he recibido».

(1Co 15, 3).

La respuesta a la pregunta que nos hacemos sobre las crisis dentro de la Iglesia se encuentra en la fidelidad de cada uno a la vocación recibida.

Lévi Kasongo

Africanos, vosotros sois ahora vuestros propios misioneros.

San Pablo VI

In memoriam

Del excelentísimo monseñor Valentín Masengo

Del *abbé* Amand Numbi

0
Introducción general

0.1. El problema pastoral

«Dios quiere que todos los hombres se salven y lleguen al conocimiento de la verdad» (1Tm 2,4), de aquí la importancia de vivir la vocación recibida como camino de santidad. Hoy más que nunca, el mundo asiste a un gran desarrollo, este desarrollo trae algunos cambios que lamentablemente van en contra de la santa y pura voluntad del Señor Dios, Uno y Trino; y la Iglesia de Cristo que peregrina en la Tierra no está exenta de las consecuencias de esos cambios, algunos bautizados son ya incapaces de vivir el sacerdocio universal del bautismo, con lo cual somos hijos de Dios y estamos llamados a vivir como Cristo, a ser santos, como dice el apóstol San Pedro: «El que os llamó es santo, sed también santos en toda vuestra conducta» (1P 1, 15). No hay grandes testimonios de conversión, se ha de constatar en algunos de los que han recibido el bautismo la pérdida del sentido de pecado: esto se ve a través de algunas realidades, como las guerras injustas y olvidadas, la indiferencia religiosa, la poligamia —que en ningún caso se puede autorizar incluso por razones dichas de inculturación—, los divorcios de los matrimonios cristianos y, sobre todo, la no recepción de los sacramentos de la eucaristía y la reconciliación, la minimización del sacerdocio ministerial, la falta de esperanza... Esta crisis que ahora afecta el mundo y a todo el mundo menos los santos, afecta también al sacerdocio católico, no solo el sacerdocio universal del bautismo, sino también el sacerdocio ministerial que vive hoy una «crisis de identidad». **Esta crisis está más ligada a los cambios acelerados en el mundo contemporáneo.**

En efecto, con la evolución de las mentalidades, los numerosos avances registrados en varios campos, como en el campo de la tecnociencia, algunos escándalos, como los abusos sexuales cometidos por una minoría de miembros del clero, la mayoría de nuestros contemporáneos, incluso los laicos que quizá no viven bien su sacerdocio del bautismo, han perdido no solo la confianza en la Iglesia y la esencia del sacerdocio ministerial, sino también en el significado del sacerdote de Cristo. El sacerdote está mal visto y el esplendor del sacerdocio ministerial queda empañado.

Ciertos fenómenos son indicativos de esta crisis. Por ejemplo, **la reducción de las vocaciones sacerdotales** en determinadas sociedades, como la sociedad occidental, que en los siglos pasados fue la que había llevado el Evangelio de Cristo en muchas partes del mundo. ¿Quién olvidará la evangelización de América por parte del Imperio español, sobre todo con los llamados Reyes Católicos? O también, ¿se puede olvidar la gran labor que los buenos misioneros de Bélgica, Inglaterra y Francia hicieron en África y Madagascar, en Congo, y gracias a la cual mis antepasados ayer, y yo hoy, hemos conocido el Evangelio de Jesucristo? Los frutos de esa evangelización siguen y seguirán hablando no solo a través de los testimonios de los santos y mártires, como los mártires de Uganda, sino también por la cantidad y cualidad de jóvenes que siguen animándose a seguir al Señor en el sacerdocio y la vida consagrada. Otro fenómeno indicativo de esa crisis es la renuncia al ejercicio del ministerio. Entre los que continúan ejerciendo el ministerio, hay algunos que muestran un cierto cansancio y una cierta **resignación**. A veces, están cansados, aunque todavía son jóvenes. También se ha de notar un cierto desafío a la autoridad como algunos que faltan respecto a sus fieles, a sus sacerdotes, y en algunos casos falta del respecto al obispo. Lo más grave es cuando uno, por razones que a veces son esencialmente humanas, falta al respecto o se separa del sucesor de san Pedro, olvidando que la Iglesia es apostólica; dice la Carta a los Hebreos: «Acordaos de vuestros dirigentes, que os anunciaron la palabra de Dios; fijaos en enlace de su vida e imitad su fe. Jesucristo es el mismo ayer y hoy y siempre. No os dejéis arrastrar por doctrinas complicadas y extrañas» (Hb 13,7-9a). A pesar de las razones, no se debe olvidar que la Iglesia es una, santa, católica y apostólica, el papa san Pablo VI lo recuerda en *El credo del pueblo de Dios*. Hay otros que consideran insoportable el modo de vivir el sacerdocio hoy, ignorando que el período que estamos viviendo no es sencillo y que la Iglesia **no necesita reformas exteriores** o adaptarse a los caprichos de algunos mundos animados por los ángeles rebeldes o los demonios; **la Santa Iglesia necesita conversión**, buenos testimonios-santidad, conversión interior y exterior, porque la Iglesia es madre, es santa, es educadora. Y otros han caído en el **relativismo**, como si la Santa Madre Iglesia debiera adaptarse a las tonterías de esta época, frente a las personas de algunas culturas que están perdiendo el sentido de la humanidad y, sobre todo, el sentido de lo sagrado, cuando uno va a beber en un bar casi toda la noche, pero no le importa ir a la santa misa o, cuando se va, desea que la misa se diga con una brevedad excesiva. Afirma Juan Pablo II:

En realidad, las nuevas generaciones de los que están llamados al sacerdocio ministerial presentan características bastante distintas respecto a las de sus inmediatos predecesores y viven en un mundo que, en muchos aspectos, es nuevo y que está en continua y rápida evolución. Todo esto debe ser tenido en cuenta en la programación y realización de los planes de formación para el sacerdocio ministerial.[1]

0.2. Problemática del libro

Como he señalado, los sacerdotes viven su ministerio en un tiempo de incertidumbre, un tiempo en el que el mundo es hambriento, sediento de un salvador, que no es otro que Cristo, presente ayer, hoy y siempre en su Iglesia, el mundo necesita un consuelo, que es Cristo. El sacerdote, que es el *alter Cristo* y quien puede dar la respuesta, sufre también en un tiempo marcado por diversas convulsiones debidas a una cierta decadencia de los valores humanos, particularmente en lo que se refiere o respecto a la disponibilidad a mantener los compromisos libremente asumidos.

Es importante ir más allá del dolor y más allá de las observaciones para despertar la fuerza de la fe y reaccionar volviendo a lo esencial, **a la santa eucaristía,** como se ve claramente en la doctrina de Santo Tomás de Aquino, el pastor angélico que afirma que «en el mismo sacramento de la eucaristía se contiene sustancialmente el bien común espiritual de toda la Iglesia»,[2] se nos muestra que la **eucaristía es la centralidad sustancial de todos los sacramentos,** ya que es Cristo que se ofrece para nosotros en su plena humanidad y divinidad, de aquí la necesidad para cada fiel y, en especial, el sacerdote de unirse íntimamente, más íntimamente a

---

[1]   Juan Pablo II, *Pastores dabo vobis. Exhortación apostólica postsinodal.* Madrid, Edibesa, 1996, n.º 3e.

[2]   Tomás de Aquino, *Summa Theologiae III,* q.65 a.3.

Cristo, sumo y eterno sacerdote, es el que es la respuesta a la crisis que ahora vive el mundo y quizá sin darse mucho cuenta.

A partir de lo anterior, es necesario plantearse ciertas preguntas: **¿qué se puede hacer para fortalecer la identidad sacerdotal y vivir plenamente el propio sacerdocio? ¿Existe una diferencia real entre el sacerdocio común de los fieles y el sacerdocio ministerial?** —¿y cómo pueden encontrarse sin excluirse mutuamente?—. **¿Qué es el centro de la espiritualidad del sacerdote según Santo Tomás de Aquino?, ¿qué otros testimonios de santos nos pueden ayudar en esta época de crisis?** Y si el mundo necesita el consuelo que es Cristo, ¿el sacerdote puede acudir a la Virgen María para encontrar consuelo y así darle a los demás? ¡Nadie da lo que no tiene!

Al tratar de responder a estas preguntas, he de afirmar **la belleza, la nobleza y el esplendor del sacerdocio ministerial como un don de Dios que conserva su valor e importancia para todos los tiempos.** Pero recuerden también que seguir a Cristo es un viaje por aguas tormentosas y turbulentas, los sufrimientos y tristezas no faltan a veces en la vida del sacerdote, como lo expresa el cardenal Sarah en la conclusión de su libro *Para la eternidad. Meditaciones sobre la figura del sacerdote*: «A veces el sacerdote es un hombre agotado, agobiado, abandonado como Jesús en el Gólgota, pero nunca desespera. Porque sabemos que no constamos únicamente con nuestras fuerzas, aunque nos falten, Él siempre será fiel. Siempre dará sacerdotes a su Iglesia»[3]. Y que para ello se requiere firmeza en la fe y esperanza en el amor para ser, como dice el arzobispo primado de España, verdaderos «testigos de la misericordia divina».[4]

---

[3] R. Sarah, *Para la eternidad. Meditaciones sobre la figura del sacerdote*, Madrid, Palabra, 2022, pp. 285-286.

[4] F. Cerro Chaves, *Carta pastoral. Sacerdotes, testigos de la misericordia divina*, Toledo, 15 de agosto 2023, p. 3.

0.3. Estado de la temática

Conviene ante todo subrayar que la crisis de identidad que atraviesa hoy el sacerdocio ministerial no es la primera en la historia de la Iglesia. Ya en la Edad Media se notaron varios abusos, entre otros, la simonía, el nicolaísmo, por la falta de valores morales, desórdenes sexuales, etc.

Pero la crisis actual no tiene precedentes, es difícil, única y sin precedentes. Esta crisis ha hecho que se derrame mucha tinta. Han sido objeto de él varios libros, encíclicas, exhortaciones, comentarios y artículos. Este es el caso de *Pastores dabo vobis,* del papa Juan Pablo II. En este documento, el autor muestra que, aunque en diversas regiones haya escasez de sacerdotes, Juan Pablo II cree que:

> Concretamente sin sacerdotes, la Iglesia no podría vivir aquella obediencia fundamental que se sitúa en el centro mismo de su existencia y de su misión en la historia, esto es, la obediencia al mandato de Jesús: «Id, pues, y haced discípulos a todas las gentes» (Mt28, 19) y «Haced esto en conmemoración mía» (Lc 22, 19; cfr1Cor 11, 24).

O sea, el mandato de anunciar el Evangelio y de renovada cada día el sacrificio de su cuerpo entregado y de su sangre derramada por la vida del mundo[5] nunca faltará en su Iglesia la acción del Padre que inspira vocaciones. Luego muestra que ante la crisis de las vocaciones sacerdotales, la primera respuesta de la Iglesia se encuentra en un acto total de fe en el Espíritu Santo. Estamos profundamente convencidos de que este abandono confiado no defraudará si permanecemos fieles a la gracia recibida. Según *Pas-*

---

[5]   Juan Pablo II, *Pastores dabo vobis*, n.º 1d.

tores dabo vobis, «los sacerdotes son llamados[6] a prolongar la presencia de Cristo, único y Supremo Pastor siguiendo su estilo de vida y siendo como una transparencia suya en medio del rebaño que les ha sido confiado».

En el *Directorio para el ministerio y la vida de los presbíteros*, publicado por la Congregación para el Clero, constatamos que entre los obstáculos encontrados hoy se encuentra lo que podríamos llamar un **espíritu democrático** desplazado, es decir, la democracia. Sin embargo, hay que subrayar a este respecto que la Iglesia reconoce todos los méritos y valores que la cultura democrática ha aportado a la sociedad civil.[7] Aquí yo subrayo el hecho de que la Iglesia no es democrática, pero es **jerárquica** y, por otro lado, la autoridad en la Iglesia es un **servicio** a los hermanos.

En *Desde lo más profundo de nuestros corazones*, **Benedicto XVI y Robert Sarah** subrayan que ante la crisis duradera que el sacerdocio vive desde hace muchos años, es necesario volver a las raíces profundas del problema. Según ellos, en la raíz de la grave situación en la que se encuentra hoy el sacerdocio se encuentra un defecto metodológico en la recepción de la Escritura como palabra de Dios. Además, el abandono de la interpretación cristológica del Antiguo Testamento ha llevado a muchos exegetas contemporáneos a una teología deficiente del culto. Algunos han llegado a rechazar la necesidad de un sacerdocio auténticamente en el culto, sacerdocio de la nueva alianza, sacerdocio de Cristo.[8] El cardenal Robert Sarah continúa con la misma pregunta en su obra *Para la eternidad. Medi-*

---

[6]   *Ibidem.*

[7]   Cf. Congregación para el Clero, *Directorio para el ministerio y la vida de los presbíteros*, París, *Centurión*, 1994, n.º 17.

[8]   Cf. Benoit XVI y R. Sarah, *Desde lo más profundo de nuestros corazones*, París, Fayard, 2020, p. 29-30.

taciones sobre la figura del sacerdote. En ella, describe esta crisis como única y sin precedentes. Según él, esto se debe a que una minoría de miembros del clero ha perdido el sentido del sacerdocio. Invita a sacerdotes y laicos a redescubrir esta identidad del sacerdote, porque parece para algunos que su estatuto, su misión, su autoridad han sido puestos al servicio del demonio. El sacerdocio ha sido instrumentalizado para esconder e incluso justificar la inocencia de los niños y de las niñas. **La identidad de cada cristiano en general y del sacerdote en particular se concreta en su respuesta a su vocación a la santidad.** El sacerdote debe ser santo, porque el Dios al que sirve es santo. «El que os llamó es santo; como él, sed también vosotros santos en toda vuestra conducta, porque dice la Escritura: "Seréis santos, porque yo soy santo"» (1P1, 15-16).

El papa Francisco, en *Querida Amazonia*, llama a todos los obispos, especialmente a los de la Amazonia latina, no solo a promover la oración por las vocaciones sacerdotales, sino también a ser generosos al orientar a quienes muestran vocación misionera a elegir la Amazonia. Al mismo tiempo, pide revisar la estructura y el contenido tanto de la formación inicial como de la formación continua. Esta formación debe ser eminentemente pastoral y favorecer el desarrollo de la misericordia sacerdotal.[9] Voy a ilustrar en el capítulo cuarto los testimonios de vida de algunos grandes santos con una meditación.

---

[9]   Cf. Francisco (papa), *Querida Amazonia*. Exhortación apostólica postsinodal sobre la Amazonía, n. 90.

0.4. Hipótesis de la obra. ¿Por qué yo, que soy un pobre pecador, laico y al día de hoy un simple seminarista futuro sacerdote, tengo la valentía de escribir sobre el sacerdocio ministerial?

A lo largo de esta pequeña obra quiero responder, como bautizado y participando al sacerdocio universal del bautismo, a este gran desafío de la crisis generalizada que desafía a todo el pueblo de Dios. Y porque, pecador e ignorante, con muchas limitaciones, me apoyo principalmente sobre la **Sagrada Escritura**, la exhortación que tantas veces he leído, analizado y meditado *Pastores dabo vobis* de san Juan Pablo II, los Documentos del Concilio Vaticano II, el *Catecismo de San Pío X*, el *Catecismo de la Iglesia católica*, la espiritualidad teresiana; la lectura de algunos artículos de la *Summa Theologiae* de Santo Tomás de Aquino y las conferencias; y también mi secreto en la devoción del santísimo sacramento y la devoción a la Virgen María, que he profundizado desde que he llegado a España, donde tengo la gracia de estudiar en Seminario Mayor San Ildefonso de Toledo: «Un seminario libre y nuevo»,[10] como escribió hace cincuenta años, Marcelo Cardenal González.

Para responder a mi pregunta, me parece con humildad que el olvido de la grandeza y las obligaciones que lleva a **la minimización** y al **relativismo** del don del sacerdocio ministerial y, sobre todo, el hecho de contar con sus **solas fuerzas sin contar con la gracia** y la misericordia divina serían las bases principales de la crisis que ahora atraviesa el sacerdocio ministerial. Lo

---

[10]   Card. Marcelo González, Carta Pastoral. *Un seminario nuevo y libre*, Toledo, Instituto Superior de Estudios Teológicos San Ildefonso, 2013, p. 13.

que sé es que Dios, aunque nos da su gracia, necesita también nuestro esfuerzo. La falta de unión con **Cristo-eucaristía, Cristo-esposo** y su **sagrado corazón** serían las bases para el estallido de escándalos de todo tipo y, sobre todo, abusos sexuales que empañan el esplendor del sacerdocio ministerial. Para remediar esta crisis, creemos que debemos redescubrir y fortalecer la identidad sacerdotal e insistir en el significado del don del sacerdocio ministerial, el bautizado, como yo, he de vivir mis promesas bautismales y el cristiano sacerdote ha de unirse más sacramentalmente a Cristo Sumo, Eterno Sacerdote y Esposo contando con la gracia divina que se renueva diariamente, sin olvidar recordar la misión del sacerdote en medio del mundo: la santificación de las amas. Cristo llama a los sacerdotes a través de san Juan Pablo II y otros escritos magisteriales que he leído y meditado, me llama a mí, como bautizado, seminarista futuro sacerdote, a encontrar plenitud en las decisiones de la vida que he tomado y, sobre todo, contar con la misericordia divina porque es el Señor quien llama al sacerdocio, es el Maestro de la mies (soy yo quien os he elegido...). Mostraremos que **el sacerdote es ante todo un hombre, tomado de entre los hombres y establecido a favor de los hombres (Heb 5,1-5)**, el **sacerdote es escogido de los hombres para los hombres.** Él es el puente desde el cual pueden tocar eficazmente el corazón de Dios. Es, pues, Jesucristo presente y prolongado. Por eso está llamado a llevar una vida digna de la vocación que ha recibido. Así como lo decía San Juan María Vianney, «el sacerdote da Dios a los hombres y da los hombres a Dios».

0.5. Elección e interés del libro

Ante las múltiples informaciones desalentadoras que una minoría de los sacerdotes que estigmatizan el contra testimonio de todos los sacerdotes en todo el mundo, y que relatan numerosos despidos del estado clerical aquí y allá, urge reflexionar profundamente sobre el sacerdocio ministerial de hoy. Es necesario recordar lo que la vocación sacerdotal representa hoy como ayer como don y misterio.[11] Por tanto, es necesario recordar lo que hace específico el sacramento del orden y, sobre todo, invitar a **los sacerdotes a no perder la conciencia de su identidad ante una crisis que tiene muchas caras.** Para ello, despertó mi interés el capítulo V de la Carta a los Hebreos, el magisterio de san Juan Pablo II y especialmente su exhortación *Pastores dabo vobis*. De aquí por qué he titulado este libro *Escogido de los hombres para los hombres. El sacerdocio ministerial ante los cambios modernos. Lectura analítico-meditativa de Pastores dabo vobis de san Juan Pablo II.*

0.6. Método usado en el libro

Para lograr este objetivo he optado para el método **analítico-meditativo.** Este último debería permitirme analizar adecuadamente y, sobre todo, meditar con la santa Escritura (especialmente Hb, 5) unida a la sagrada tradición, el pensamiento de nuestro maestro, nuestro pastor, el gran papa san Juan Pablo II, junto con otros testimonios de otros autores y santos, para una mejor comprensión, a fin de encontrar una solución a esta crisis señalada anteriormente.

---

[11] Cf. Juan Pablo II, citado por V. Biduaya Badiunde M., *Le sacerdoce dans les eaux houleuses du monde contemporain: Et si le prêtre lui-même n'y croyait plus?*, París, Harmattan, p. 19.

0.7. División del libro

Sin contar la introducción general y las conclusiones, este libro consta de cuatros capítulos:

- El sacerdocio ministerial: valor y especificidad.
- La crisis del sacerdocio hoy: algunos signos.
- El fortalecimiento de la identidad sacerdotal.
- Testimonios pertinentes y meditaciones de vida de los algunos santos.

Capítulo I
El sacerdocio ministerial: valor y especificidad

I.0. Introducción

Cuando un tema es objeto de reflexión frecuente y es tratado en diferentes ocasiones por varios autores, significa que es de particular interés y que esconde una riqueza inagotable y una profundidad incomparable. Este es el caso del **sacerdocio,** un tema que, a pesar de la evolución y los giros de la historia, no ha perdido ni perderá nunca su especialidad. De hecho, vivimos en una época que sigue marcada por diversos trastornos debidos a una cierta decadencia de los valores humanos. Hoy más que nunca debemos subrayar que la evangelización no es una simple transmisión de ideas. Se trata, sobre todo, de la difusión de un conjunto de valores destinados a dar sentido a la vida. Sin embargo, estos valores solo pueden transmitirse verdaderamente a través del testimonio de vida.

En este primer capítulo que he dedicado a la **especificidad** y al **valor** del sacerdocio ministerial, quisiera definir al sacerdote, presentar el sacerdocio, sobre todo, como un don y establecer la naturaleza y la misión del sacerdocio ministerial. Insisto también en el fundamento del sacerdocio ministerial, particularmente a través de sus diferentes dimensiones: trinitaria, cristológica, neonatológica y eclesiológica. También afirmo la universalidad del sacerdocio mientras demuestro la distinción entre el sacerdocio ministerial y el sacerdocio común.

1.1. El sacerdote de la nueva alianza

"Todo Sumo Sacerdote es tomado de entre los hombres y está puesto en favor de los hombres en lo que se refiere a Dios para ofrecer dones y sacrificios por los pecados" (Heb 5,1). Fue elegido, consagrado y enviado a poner en el corazón de la historia, aquí y ahora, signos visibles e identificables, eficaces por la acción de Dios y, por tanto, sacramentales. En efecto, estos gestos significan el don que Dios ha abierto al mundo de una vez por todas en Jesucristo. Así, podemos decir que a través del sacerdote, en la Iglesia y desde ella, Dios continúa en los tiempos y lugares proponiendo y dando su salvación, que es la gracia de su amor. Dice el *Decreto Presbyterum Ordinis*:

> Por estas razones, que se fundan en el ministerio de Cristo y en su misión, el celibato, que primero solo se recomendaba a los sacerdotes, fue luego impuesto por ley en la Iglesia latina a todos los que habían de ser promovidos al orden sagrado. Esta

legislación por lo que atañe a quienes destinan al presbiterado, la aprueba y confirma de nuevo este sacrosanto Concilio, confiando en el Espíritu que el don del celibato, tan en armonía con el sacerdocio del Nuevo Testamento, estamos liberalmente dado por el Padre, con tal que quienes por el sacramento del orden participan del sacerdocio de Cristo.[12]

Además, en signo vivo de aquel mundo futuro que se hace ya presente por la fe y la caridad. En efecto, el sacerdote católico es en esta tierra el ministro del eterno Sumo Sacerdote Jesucristo, único mediador entre Dios y los hombres. Por la ordenación sacerdotal participa de sus poderes. Solo Él puede celebrar válidamente el sacrificio de la misa, perdonar los pecados, bendecir y consagrar. Así, el sacerdote no es solo presidente de la asamblea eucarística. Tiene facultades que el simple cristiano no tiene. De hecho, fue solo a los apóstoles, y no a todos los discípulos, a quienes Cristo dijo: «Haced esto en memoria de mí» (Lc 22,19).

El *Catecismo de la Iglesia católica* insiste en que solo un hombre válidamente bautizado (varón) puede acceder válidamente a la sagrada ordenación:

> El ministerio de los presbíteros, por estar unido al Orden episcopal, participa de la autoridad con la que el propio Cristo construye, santifica y gobierna su Cuerpo. Por eso el sacerdocio de los presbíteros supone ciertamente los sacramentos de la iniciación cristiana. Se confiere, sin embargo, por aquel sacramento peculiar que, mediante la unción del Espíritu Santo, marca a los sacerdotes con un carácter especial. Así quedan identificados con Cristo Sacerdote de tal manera que puedan actuar como como represes de Cristo Cabeza (CIC, Canon 1563).

---

[12] Vaticano II, *Decreto Presbyterum Ordinis*, Madrid, 1985, p. 371.

El Señor, Jesús, escogió hombres para formar el colegio de los doce apóstoles (Mc 3, 14-19; Lc 6, 12-16), y lo mismo hicieron los apóstoles al elegir a los colaboradores (1Tm 3, 1-13; 2Tm 1, 6). ¿Quién los sucedería en sus tareas? El colegio de los obispos y los presbíteros están unidos en el sacerdocio. La Iglesia se reconoce vinculada por esta elección del mismo Señor. Por eso no es posible la ordenación de mujeres.[13]

Pastores dabo vobis afirma, por su parte, que el sacerdote, en virtud de la consagración que recibió mediante el sacramento del orden, es enviado por el Padre, por medio de Jesucristo, a quien se configura de manera especial como Cabeza y Pastor de su pueblo para vivir y actuar con la fuerza del Espíritu Santo, para el servicio de la Iglesia y para la salvación del mundo.[14] San Juan María Vianney, cura de Ars, lanzó una vibrante invitación a todos a respetar al sacerdote: «Si encontrara un sacerdote y un ángel —dijo—, saludaría al sacerdote antes que al ángel».[15]

Así, cuando decimos que el sacerdote se identifica con Cristo, hasta el punto de convertirse en otro, nunca damos a esta afirmación un significado psicológico. El sacerdote no es en modo alguno todopoderoso. No le debemos obediencia ciega. Estar identificado con Cristo no da derecho a ordenar o satisfacer sus caprichos. Al contrario, ser otro Cristo requiere convertirse en el último de los siervos. La ordenación no coloca al sacerdote en un trono sino en la cruz. La identificación mística y espiritual del sacerdote con Cristo no conduce a ningún abuso si se vive en verdad. Lamentablemente, hoy el mundo ha perdido este sentido místico del sacerdote. Víctor Biduaya señala al respecto:

---

[13] *Catecismo de la Iglesia católica*, n. 1577.
[14] Cf. Juan Pablo II, *Pastores dabo vobis*, n.º 12.
[15] San Juan María Vianney a. Roeggl, ¿Qué decir a nuestros penitentes?, Mulhouse, Salvator, 1948, p. 237.

En la mayoría de las sociedades y en el contexto de cambios acelerados y de evolución de las mentalidades, el sacerdote parece ser solo lo que parece. La mayoría de los que entran en contacto con él simplemente lo ven como un hombre, mientras que el trabajo oculto, la eficiencia invisible se les escapa. Del sacerdocio ministerial parece que solo conservamos un aspecto derivado o un carácter accesorio: no lo vemos como un todo, no lo ubicamos en su ministerio.[16]

I.2. El sacerdocio como don y misterio

Dice el papa san Juan Pablo II en *Pastores dabo vobis*: «Toda vocación cristiana encuentra su fundamento en la elección gratuita y precedente del Padre».[17] El sacerdocio es fruto de la gracia por la cual el Señor manifiesta su amor y su poder a través de las debilidades humanas, como lo muestra de su parte el papa Pío XII:

> El ministro posee en verdad el papel del mismo sacerdote, Cristo Jesús. Si, ciertamente, aquel es asimilado al Sumo Sacerdote, por la consagración sacerdotal recibida, goza de la facultad de actuar por el poder de Cristo. Mismo a quien representa *(virtute ac persona ipsius Christi)*.[18]

Así, toda vocación, además de ser don de misericordia y de redención, es un misterio que hunde sus raíces en la voluntad salvífica de Dios, una voluntad que escapa a las lógicas y a los proyectos humanos y puede transformar e implicar a todas las personas que quiera.

---

[16]   V. BIDUAYA BADIUNDE, obra citada, p. 19.
[17]   Juan Pablo II, *Pastores dabo vobis*, n.º 35.
[18]   Pío XII, encíclica *Mediator Dei*, 1947.

Sin embargo, toda la Iglesia participa de la unción sacerdotal en el Espíritu Santo. En efecto, en la Iglesia todos los cristianos se convierten en sacerdocio santo y real, ofreciendo sacrificios espirituales a Dios por medio de Jesucristo y proclamando las maravillas de aquel que los llamó de las tinieblas a su luz admirable (1Pe 2, 5,9). En Cristo, todo el cuerpo místico está unido al Padre por el Espíritu Santo para la salvación de todos los hombres. Por tanto, la Iglesia no puede cumplir sola esta misión. Toda su actividad necesita intrínsecamente la comunión con Cristo, cabeza de su cuerpo. Unida indisolublemente a su Señor, ella recibe constantemente gracia y verdad, gobierno y apoyo para poder ser para todos y para cada signo e instrumento de la unión íntima con Dios y de la unidad de toda la humanidad.[19] El sacerdocio ministerial encuentra su razón de ser en esta perspectiva de la unión vital de la Iglesia con Cristo.

En consecuencia, el sacerdocio ministerial hace tangible la propia actividad de Cristo cabeza y prueba que Cristo no ha abandonado a su Iglesia, sino que continúa dándole vida gracias a su sacerdocio eterno, como se ve en Santo Tomás de Aquino, el pastor angélico afirma: «Cristo es la fuente de todo sacerdocio, pues el sacerdote de la antigua ley era figura de Él, y el sacerdote de la nueva ley actúa en representación suya».[20] Por ello, la Iglesia considera el sacerdocio ministerial como un don que se da en el ministerio de algunos de sus fieles. Este don, instituido por Cristo para continuar su misión salvadora, fue conferido primero a los apóstoles y continúa en la Iglesia a través de los sucesores de los apóstoles.

Además, conviene recordar que el Señor llama a los hombres como son, con sus capacidades e limitaciones, con su historia personal, sus fuerzas y debilidades a fin de realizar a través de ellos su proyecto de salvación de la humanidad entera, del género humano. Lo que equivale a decir que lo que somos o no somos no constituye un estorbo ni un obstáculo para Dios. A mí me

---

[19] Cf. Vaticano II, *Lumen Gentium*, n.º 1.
[20] Tomás de Aquino, *Summa Thelogiae*, 3, 22, 4.

gusta decir que el sacerdocio no es una vacuna, el Señor nos llama con nuestras cualidades y nuestras debilidades, porque sabe que siempre somos pecadores en el camino de la perfección. Por tanto, Dios no ve lo que somos, sino lo que debemos llegar a ser con su gracia. Por eso nos hace sus instrumentos para llevar a cabo el buen designio de la salvación de nuestros hermanos. Su llamado es como una teofanía, porque quiere manifestarse al hombre tal como es: Padre amoroso y misericordioso. Los seminaristas y los estimados sacerdotes debemos siempre contar con la gracia y la misericordia del Señor, pero también esforzarnos en hacer su voluntad, no tenemos que decir «basta la gracia».

Quizá no podremos decirlo lo suficiente: cada vocación es el misterio de la elección divina. Esto significa que la historia de nuestra vocación es ante todo Dios que la conoce, aquel que nos llamó con santa llamada, no en consideración de nuestras obras, sino según su propio designio y su gracia (2 Tim 1, 9). Esto es lo que notamos en muchas historias de llamadas de tantas figuras tanto del Antiguo Pacto como del Nuevo Pacto. M. J. Nicolas afirma al respecto: «Sí, ser sacerdote es una responsabilidad, un ministerio, un servicio. Pero a través de esto es un don de Amor, una gracia. Es una forma de unión con Cristo y con los hombres que es verdaderamente obra de Dios».[21]

1.3. El sacerdote como fruto puro de Dios e icono luminoso de Cristo

El sacerdote es signo de la iniciativa de Dios mismo, hemos afirmado. De hecho, en él se revela el poder de la gracia que actúa en la pobreza de los medios humanos. Dicho esto, nadie puede acceder al ministerio sacerdotal si no es elegido por Dios. La Epístola a los Hebreos dice mucho: «Nadie se apropia de

---

[21] M. J. Nicolas, *La grâce d'*être prêtre, París, Desclée, 1986, p. 9.

esta honra, sino que es llamado por Dios absolutamente como Aarón» (Hb 5,4). Desde entonces, cada sacerdote es fruto de una vocación, de una llamada personal e íntima de Dios mismo. En otras palabras, somos elegidos porque somos amados desde antes de la fundación del mundo, es decir, desde toda la eternidad. Un don invaluable de pura misericordia de Dios, el que buscamos constantemente en nuestra vida de discípulos. Por tanto, es Dios quien tiene la iniciativa.[22] El cardenal Robert Sarah señala respecto a esto:

> Esta es la función del sacerdocio. Jesucristo nos ha dejado un icono esplendido, límpido y luminoso de su ser sacerdotal. El sacramento del orden es ese icono de Jesús, Sumo Sacerdote. Pero nuestras componendas con el mundo han ido añadiendo capas de pintura de mediocre calidad a la obra de arte divina, que ha perdido su brillo, raspar los añadidos y descubrir el original. A esta tarea de reforma, de retorno a la forma querida por Dios, quise invitar junto con Benedicto XVI con la publicación de *Desde lo hondo de nuestros corazones*: un libro en el que cada uno de nosotros proponía a los sacerdotes algunos caminos para la restauración de un modo de vida plenamente sacerdotal.[23]

Como podemos ver, en la raíz del sacerdocio está la libre elección de Cristo de llamar a tal o cual persona. Pero luego esta persona está invitada a saber colaborar, a saber escuchar y a saber seguir la llamada. Esto significa que la vocación es ciertamente un don, pero que es también la respuesta gratuita a este don.

---

[22] V. Biduaya Badiunde, obra citada, p. 34.
[23] R. Sarah, *Para la eternidad. Meditaciones sobre la figura del sacerdote*, p. 11.

I.4. La naturaleza y misión del sacerdocio ministerial

La aplicación del sacerdocio a un ministerio no surge de un dato escritural del Nuevo Testamento, sino de una elaboración teológica en la evolución posterior de la tradición de la Iglesia. Los primeros cristianos querían claramente marcar sus diferencias frente a los sacerdotes del judaísmo y otras religiones. Siguieron siendo conscientes de que su fe no era una secta. El carácter sacerdotal aplicado al ministerio cristiano es, pues, fruto de un desarrollo posterior. De hecho, positivamente, el sacerdocio cristiano resulta de un mandato recibido del mismo Cristo por los apóstoles. En el Evangelio de San Marcos se lee claramente en el capítulo 14, a partir del versículo 12, donde se cuenta la institución de la eucaristía, que solo puede celebrar el sacerdote, y también el Evangelio de San Juan, capítulo 17, con la oración sacerdotal. Se trata de la Iglesia tal como Cristo la fundó sobre la fe de los apóstoles con Pedro como cabeza. Dice Lumen Gentium: «Así como, por disposición del Señor, san Pedro y los demás apóstoles forman un solo colegio apostólico, de igual manera se unen entre sí el romano pontífice, sucesor Pedro, y los obispos sucesores de los apóstoles».[24]

Por este mandato, la Iglesia participa, al continuarlo, del don de Cristo sacerdote, profeta y rey, en su nombre y por su poder ejercer la misión de salvación que debe realizar como sacerdocio-sacerdote. Es esta misma Iglesia la que confía el papel de mediación para representar visiblemente el papel de Cristo sacerdote, siguiendo a los apóstoles y participando en el único ministerio sacerdotal del único mediador. Con relación a esta naturaleza del sacerdocio en la Iglesia, Juan Pablo II destaca lo siguiente:

---

[24] Vaticano II, *Lumen Gentium*, n.º 22.

Es desde el interior de la Iglesia como ministerio de comunión trinitaria en tensión misionera que se revela toda identidad cristiana y, por tanto, también la identidad del sacerdote y su ministerio. En efecto, el sacerdote, en virtud de la consagración que recibió mediante el sacramento del Orden, es enviado por el Padre, por Jesucristo, a quien se configura de manera especial como Cabeza y Pastor, para vivir y actuar en la fuerza del Espíritu Santo para el servicio de la Iglesia y para la salvación.[25]

De ello se deduce que el mandato de sacerdote le confiere un carácter particular que adquiere mediante la ordenación, que le configura y consagra a Cristo sacerdote y le permite participar en la misión de Cristo bajo el doble aspecto de autoridad y servicio. Es esta marca del don del Espíritu Santo recibido en el sacramento del orden la que constituye la permanencia de lo que se ha llamado el carácter sacerdotal. El ministerio sacerdotal es fuente de alegría, porque consiste en dar vida divina y conducir las almas hacia el cielo, hacia la alegría perfecta. Para ejercer adecuadamente su ministerio como extensión de la misión redentora de Cristo, el sacerdote debe mirar al mismo Jesús y la forma en que ejerció su ministerio.

Es importante que el sacerdote sea plenamente consciente de esta dimensión misionera de su sacerdocio y que la viva profundamente en armonía con la Iglesia, que siente hoy como ayer la necesidad de enviar a sus ministros allí donde su misión es más urgente, y de comprometerse a lograr una distribución más equitativa del clero. Esta exigencia de la vida de la Iglesia en el mundo contemporáneo debe ser vivida intensamente por cada sacerdote, que la vive como don de su alma en la Iglesia y en su servicio. Analicemos la identidad sacerdotal a través de varias dimensiones.

---

[25] Juan Pablo II, *Pastores dabo vobis*, n.º 12.

I.5. Dimensiones de la identidad sacerdotal

I.5.1. Dimensión trinitaria

Este es el origen último y trascendente del sacerdocio ministerial. Según el Directorio de la Congregación para el Clero, si es cierto que todo cristiano a través del bautismo está en comunión con el Dios Uno y Trino, también es cierto que gracias a la consagración recibida en el sacramento del orden, el sacerdote se sitúa en una relación particular y específica con el Padre, el Hijo y el Espíritu Santo. En efecto, nuestra identidad tiene su origen último en la caridad del Padre. Estamos unidos al Hijo, enviado por él, soberano sacerdote y buen pastor, mediante el sacerdocio ministerial, por la acción del Espíritu Santo.[26] Así, la vida y el ministerio del sacerdote son continuación de la vida y acción de Cristo. Esta es nuestra identidad, nuestra verdadera dignidad, la fuente de nuestra alegría, la certeza de nuestra vida.

Sin embargo, esta relación con las tres personas divinas que constituyen la identidad del sacerdote es un imperativo, un deber que cumplir continuamente, es decir, debe ser vivido por el sacerdote de manera íntima y personal en un diálogo de adoración y amor con las tres divinas personas, consciente de que el don recibido le fue conferido para el servicio de todos. Así, la identidad, el ministerio y la existencia del sacerdote están esencialmente en relación con las tres personas divinas, con miras al servicio sacerdotal de la Iglesia.

Para ello, hoy es urgente redescubrir el aliento trinitario de la vida bautismal y la profundidad del don que Dios hace a través de cada vocación a la Iglesia y al mundo. En los últimos años, la re-

---

[26] *Ibidem*, n.º 3.

lación sacerdote-laicos se ha vivido a menudo de manera funcional, en modo de tareas compartidas, a veces en un espíritu apenas velado de competencia, de equilibrio de poder o de territorios a ceder o preservar. Por eso, no debemos tener miedo de la corrección fraterna.

I.5.2. Dimensión cristológica

Esta es la identidad muy específica del sacerdote. La dimensión cristológica, como la trinitaria, proviene directamente del sacramento que configura ontológicamente a Cristo como sacerdote, maestro, santificador y pastor de su pueblo. De hecho, la dimensión cristológica constituye el fundamento, la realidad con la que el sacerdote está configurado de manera especial. Cristo es la segunda persona de la Santísima Trinidad que revela a Dios, que revela el misterio trinitario. Además, Cristo es el único Hijo de Dios que vino al mundo para hacer a los hombres hijos de Dios como Él. Esta generación tiene lugar en el bautismo que hace de cada creyente un hijo de Dios en Jesucristo.

En efecto, el bautismo configura al sujeto con Cristo, lo hace semejante y lo une a Él. En cuanto al sacramento del orden, configura el sujeto a Cristo como pastor, cabeza y jefe con miras a una misión que cumplir en la Iglesia y en el mundo. Como resultado, el sacerdote está unido a Cristo en una doble capacidad. Por un lado, como miembro de su cuerpo, y como quien está al lado de sus hermanos; por otra parte, como quien representa la cabeza del cuerpo, Cristo pastor del rebaño, como quien está frente a la comunidad, quien hace visible a Cristo siempre presente.

Los fieles que, permaneciendo insertos en el sacerdocio común, son elegidos y constituidos en el sacerdocio ministerial, reciben una participación indeleble en el único sacerdocio de Cristo para la santificación, gobierno de todo el pueblo de Dios.

Sucede entonces que, por un lado, el sacerdocio común de los fieles y el sacerdocio ministerial están ordenados recíprocamente. Ambos, cada uno a su manera, participan del sacerdocio único de Cristo; y posteriormente se diferencian esencialmente entre sí.[27] Para decirlo mejor, la especificidad del sacerdocio ministerial se enmarca en la necesidad de que todos los fieles se adhieran a la mediación y al señorío de Cristo, que se hacen visibles en el ejercicio ministerial.

Ante este hecho, el sacerdote debe ser consciente de que su vida es un misterio totalmente insertado en el misterio de Cristo y de la Iglesia, de un modo nuevo y específico, y que esto le involucra totalmente en la actividad pastoral y de pupilo. Como el mismo Cristo asoció a los apóstoles a su propia misión: «Como el Padre me envió, así también yo os envío» (Jn 20,21). Asimismo, en la sagrada ordenación, la dimensión misionera está ontológicamente presente. El sacerdote es elegido, consagrado y enviado para hacer efectiva hoy esta misión eterna de Cristo. Se convierte entonces en auténtico representante y mensajero: «Quien a vosotros oye, a mí me escucha, y quien a vosotros rechaza, rechaza al que me envió» (Lc 10,16).

I.5.3. Dimensión pneumatológica

Define y especifica el carácter sacramental. En efecto, en su ordenación presbiteral, el sacerdote recibió el sello del Espíritu Santo, que lo convierte en un hombre marcado por el carácter sacramental para ser para siempre ministro de Cristo y de la Iglesia. Es el principio de actuación, la fuerza que hace al hombre capaz de unirse a Dios a través de su Hijo, pero que también hace posible la configuración del sacerdote con Cristo cabeza y pastor, que lo lleva a actuar por Él, por Él y en a él.

---

[27] Cf. Congregación para el Clero, *Directorio para el ministerio y la vida de los presbíteros*, n.º 6.

Para ello, el sacerdote, consolado por la promesa de que el Consolador permanecerá «con él para siempre» (Jn 14, 16-17), sabe que nunca perderá la presencia y el poder eficaz del Espíritu Santo para poder eficazmente ejercer su ministerio y vivir la caridad pastoral como entrega total de sí para la salvación de sus hermanos. Así, el sacerdote siempre se esforzará por estar en comunión con el Espíritu Santo, porque es todavía él quien, en la ordenación, le confiere el deber profético de anunciar y explicar con autoridad la palabra de Dios. Es estando en la misma comunión de la Iglesia con todo el orden sacerdotal que el sacerdote será guiado por el espíritu de verdad que el Padre ha enviado por medio de Cristo, y que todo lo enseña recordando todo lo que Jesús dijo a los apóstoles. Por consiguiente, el sacerdote, con la ayuda del Espíritu Santo, y gracias al estudio de la palabra de Dios en las Escrituras, a la luz de la tradición y del magisterio, descubre la riqueza de la palabra que debe anunciar a la comunidad eclesial.

Cabe señalar que es en virtud del carácter sacramental, identificando su intención con la de la Iglesia, que el sacerdote está siempre en comunión con el Espíritu Santo en la celebración de la liturgia, y especialmente de la eucaristía e incluso de los demás sacramentos.[28] En otras palabras, es el Espíritu Santo quien da a los sacerdotes la fuerza para anunciar el Evangelio, celebrar la eucaristía, administrar los demás sacramentos y guiar a la comunidad a él encomendada para que sea como el pastor soberano.

I.5.4. Dimensión eclesiológica

De Cristo como fuente permanente y siempre nueva de salvación brota el misterio de la Iglesia. Vale mucho la pena subrayar lo que se dice en la obra *El misterio de la Iglesia,* de Eduardo Vadillo, quien afirma:

---

[28] Congregación para el Clero, *Directorio para el ministerio y la vida de los presbíteros,* n.º 13.

No faltan quienes piensan (con bastante ingenuidad) que cambios radicales en estos aspectos permitirían una rápida reunificación de los cristianos. En realidad, lo fundamental es tratar de ver el sentido que tiene la organización de la Iglesia a partir de su esencia más profunda y su relación con Cristo. También las cuestiones ecuménicas deben abordarse a esta luz teológica y teniendo presente los tiempos y caminos de Dios. Todas estas cuestiones son, en cierto modo, la Iglesia, *ad intra*.[29]

Es el Misterio original del que brota el de la Iglesia, su cuerpo y su esposa, llamados por el esposo a ser signo e instrumento de redención. La dimensión eclesiológica constituye el destino, el objeto de la misión del sacerdote. Los fieles son los beneficiarios de sus acciones y de su campo de acción. Esta dimensión está fundamentalmente ligada a la dimensión cristológica. Este implica aquel.

Por estar llamado a un acto absolutamente gratuito de amor sobrenatural, el sacerdote debe amar a la Iglesia como Cristo la amó, dedicándole todas sus energías. Así, el mandato del Señor de evangelizar a todas las naciones (Mt 28, 18-20) constituye otra dimensión del sacerdote frente a la Iglesia. El don espiritual que los sacerdotes reciben en la ordenación los prepara para una misión de salvación a escala universal. Como don, el sacerdocio es respuesta a una doble llamada. Primero, una llamada interior que viene de Dios y, luego, una llamada exterior que viene de la Iglesia a través de un obispo. En otras palabras, la vocación no es un movimiento puramente interior y un tanto nebuloso, sino que es un movimiento del Espíritu que atrae a un determinado estado concreto, corporal y social. Así, la Iglesia actúa verdaderamente en la vocación sacerdotal de cada sacerdote.

---

[29] E. Vadillo, *El misterio de la Iglesia. Introducción a una eclesiología de la participación*, Madrid, 2022, p. 21.

Además, todos los sacerdotes, en unión con sus obispos, participan del único sacerdocio y del único ministerio de Cristo. Es, por tanto, la unidad misma de consagración y misión la que exige su comunión jerárquica con el orden de los obispos. Por tanto, esta comunión en el mismo sacerdocio y en el mismo ministerio debe llevar a los obispos a considerar a los sacerdotes como hermanos y amigos. Ambos lucharán contra todo tipo de enemistad e hipocresía.

I.6. Jesucristo, sumo sacerdote de la nueva alianza

Sin embargo, Jesús no se manifestó durante su vida terrena como sacerdote. Podríamos llamarlo «rabino» o «maestro» e incluso «rey», «mesías», «profeta», pero nada en su forma de ser y de vivir ni en su misión lo vinculaba a los oficiantes del culto. El Cristo del linaje davídico era un laico. No era de la familia de Aarón ni miembro del clan de los levitas. La Epístola a los Hebreos es el único escrito del Nuevo Testamento que considera formalmente a Jesucristo como sacerdote, el único sacerdote verdadero.

En efecto, el autor de la Epístola a los Hebreos se basa en las motivaciones de los principios esenciales que fundamentan el sacerdocio. Estos son los criterios no externos, no sociológicos; pero esencialmente teológicos. A través de su pasión, su muerte y su resurrección, Jesús cumplió estos criterios esenciales. Es, ante todo, el principio de mediación entre Dios y los hombres y luego el principio de la ofrenda y del sacrificio como realización concreta de esta mediación. Como tal, Jesús es sacerdote, porque es el único que ha cumplido plenamente las condiciones de la mediación perfecta: claramente acreditado por Dios y plenamente solidario con los hombres. Y afirma Nicolas:

El sacrificio de Jesús culminó en la ofrenda que hizo de sí mismo en la cruz. Pero la sola ofrenda del propio ser humano, de la propia vida humana, ya sería un sacrificio. Lo que define el sacrificio no es la inmolación, el sufrimiento, la muerte, sino la vida para algo más allá de uno mismo, que por tanto solo puede ser Dios.[30]

Así, es en esta ofrenda total del hombre donde se realizó su sacerdocio a lo largo de su vida humana. Jesús, como Hijo de Dios, era absolutamente perfecto y, como hombre, fue perfeccionado por su obediencia hasta la muerte. Se hizo fiel e irreprensible en su pasión y muerte en la cruz. En la encíclica *Mediator Dei,* Pío XII dice:

> «El Mediador entre Dios y los hombres», el gran Pontífice que penetró hasta lo más alto del cielo, Jesús, Hijo de Dios, al encargarse de la obra de misericordia con que enriqueció al género humano con beneficios sobrenaturales, quiso, sin duda alguna, restablecer entre los hombres y su Criador aquel orden que el pecado le había perturbado y volver a conducir al Padre celestial, primer principio y último fin, la mísera descendencia de Adán, manchada por el pecado original.[31]

El sacerdocio de Jesús era, por tanto, del orden de la experiencia, de la vida ordinaria del hombre en sociedad. Jesús vivió en el amor la entrega de sí mismo, humilde y generoso para la gloria de Dios y el servicio de los hombres, su promoción integral, su bienestar pleno, su salvación eterna. Jesús ofreció su propia vida desde su encarnación (Heb 10,5s), desde su infancia (Lc 2,49). En su ministerio público (Jn 4,34) y particularmente en

---

[30] M. J. Nicolas, obra citada, p. 21.
[31] Pío XII, encíclica *Mediator Dei,* n.º 1.

su pasión, muerte y resurrección, no ofreció sangre de animales, como lo hacían los sacerdotes del Antiguo Testamento, sino su propia sangre inmaculada y su propia vida irreprochable. Así, podemos leer toda la vida de Jesucristo con esta clave sacerdotal. Jesús es el sacerdote por excelencia. También es considerado el pastor soberano (1Pe 5,4), aquel que se entregó totalmente a Dios dando su vida por el rebaño. Solo Él conduce el rebaño de este mundo al reino eterno de su Padre. Jesús es también cabeza del cuerpo, cabeza de la Iglesia (1Co 12:12; Ef 4:15).

I.7. Universalidad del sacerdocio

Por el orden y el ministerio recibido, todos los sacerdotes están asociados al cuerpo episcopal y, en comunión jerárquica con él, sirven a toda la Iglesia según su vocación y su gracia específica. En consecuencia, la pertenencia a una Iglesia particular lograda mediante la incardinación no debe encerrar al sacerdote en una mentalidad estrecha y particularista, sino abrirlo al servicio de otras Iglesias. Cada Iglesia es, en efecto, la realización particular de la única Iglesia de Jesucristo, hasta el punto de que la Iglesia universal vive y cumple su misión en y desde las Iglesias particulares, en efectiva comunión con ella. Por eso, todo sacerdote debe tener corazón y mentalidad misionera, abierto a las necesidades de la Iglesia y del mundo.

Es apropiado que esta dimensión encuentre su fundamento en el mandato del Señor de evangelizar a todas las naciones (Mt 28,18-20). Enviado en misión por el Padre a través de Cristo, el sacerdote pertenece inmediatamente a la Iglesia universal, que tiene la misión de anunciar la Buena Nueva hasta los confines de la tierra (Hch 1,8). El don espiritual que los sacerdotes reciben en la ordenación los prepara para una misión de salvación a escala universal.[32]

Existen diferentes formas de envío a misión, pero tienen puntos en común y cada una tiene rasgos característicos. Dos elementos se encuentran en todas las versiones. En primer lugar, la dimensión universal de la tarea confiada a los apóstoles: «todas las naciones» (Mt 28,19); «en todo el mundo..., a toda la creación» (Mc 16,15); «todas las naciones» (Lc 24,47); «hasta los confines de la tierra» (Hechos 1:8). En segundo lugar, la seguridad dada por el Señor de que no se les dejará solos para realizar esta tarea, sino que recibirán la fuerza y los medios para cumplirla. Así, se manifiesta la presencia y el poder del Espíritu, así como la ayuda de Jesús: «Fueron y predicaron, trabajando el Señor con ellos en todo lugar» (Mc 16,20).[33]

I.8. El sacerdocio común y el sacerdocio ministerial

La distinción entre sacerdocio común y sacerdocio ministerial, lejos de conducir a la separación o división entre los miembros de la comunidad cristiana, armoniza y vivifica la vida de la Iglesia. Este, en efecto, como cuerpo de Cristo, es una comunión orgánica de todos los miembros: cada uno sirve a la vida del conjunto si vive plenamente su función y su vocación específicas (1Co 12,12s). Dice el *Catecismo de la Iglesia católica*:

> El sacerdocio ministerial de los o jerárquico de los obispos y presbíteros, y el sacerdocio común de todos los fieles, «aunque

---

[32] Cf. Congregación para el Clero, *Directorio para el ministerio y la vida de los presbíteros*, n.º 14.

[33] Cf. Juan Pablo II, *Redemptoris missio. Carta encíclica sobre el valor permanente del precepto misionero*, Madrid, 1990, n.º 23.

su diferencia es esencial no solo en grado, están ordenados el uno al otro; ambos, en efecto, participan, cada uno a su manera, del único sacerdocio de Cristo» (LG 10). ¿En qué sentido? Mientras el sacerdocio común de los fieles se realiza en el desarrollo de la gracia bautismal (vida de fe, esperanza y de caridad, vida según el Espíritu), el sacerdocio ministerial está al servicio del sacerdocio común, en orden al desarrollo de la gracia bautismal de todos los cristianos. Es uno de los medios por los cuales Cristo no cesa de construir a su Iglesia. Por esto es transmitido mediante un sacramento propio, el sacramento, el sacramento del Orden.[34]

Al afirmar, a partir de las Escrituras, que el pueblo de Dios es un pueblo sacerdotal, el magisterio afirma, por así decirlo, la existencia de un solo sacerdocio en el Nuevo Testamento. El pueblo de Dios participa de este sacerdocio en nombre de la unción bautismal. Es un sacerdocio existencial, es decir, no es estrictamente del orden del ministerio —aunque faculta ministerios bautismales, pero que califica como la existencia eucarística de todos los bautizados, su vida de fe, esperanza y caridad—. Así, el sacerdocio común o bautismal no fue afirmado con mucha claridad como lo es hoy en la doctrina católica. El sacerdocio común encuentra su fundamento en el bautismo, es prerrogativa de todos los fieles. Se presenta como una participación específica en el sacerdocio único del Nuevo Testamento. Compromete a todos aquellos que la reciben en la búsqueda de la santidad, cada uno según su condición o estado.

Además, desde el punto de vista de la enseñanza de la Iglesia, el sacramento del orden se estructura en tres grados, a saber; el diaconado, el presbiterio y el episcopado. En virtud del sacramento, el sacerdocio ministerial es una participación particular en el sacerdocio de Cristo cabeza. Este sacerdocio supone una llamada no solo como experiencia propia del candidato, sino también como aceptación, confirmación y reconocimiento por parte de la Iglesia.

---

[34] *Catecismo de la Iglesia católica*, n.º 1547.

La eclesiología anterior al Vaticano II basaba sus actividades principalmente en un equipo de sacerdotes, religiosos y religiosas. Pero después, será la eclesiología de comunión y la imagen de la Iglesia como pueblo de Dios, del Vaticano II, la que sacudirá mentalidades y puntos de referencia. Como resultado, se notará un cambio, especialmente en lo que respecta al lugar de los laicos en la Iglesia. Porque el Vaticano II enfatizará a la Iglesia como pueblo de Dios más que como institución. Esto provocó una verdadera renovación dentro de la Iglesia. Esto ya no es solo asunto del clero y de los religiosos, sino de todos, de todos los bautizados.

I.9. El ministro ordenado actúa In Persona Christi y en Persona Ecclesiae

El sacerdote hace presente sacramentalmente a Cristo. Es un misterio insondable. Aunque sea un mentiroso, un pervertido, un mediocre y el más vil de los pecadores, él es la mano de Cristo que bendice, santifica, absuelve y consagra. San Agustín expresa mejor esta reflexión con palabras muy fuertes comparando al sacerdote con el traidor Judas: «Cuando el apóstol Pedro bautiza, es Jesús quien bautiza en él, incluso cuando Judas el traidor bautiza, es nuevamente Jesús quien bautiza».[35] El bautizo de todos es válido, pero de un traidor, un hereje, un cismático no se recibe con frutos, porque solo dentro de la Santa Madre Iglesia se puede recibir el bautismo con frutos. En *Ecclesia de eucaristía*, Juan Pablo II, afirma:

---

[35] Cf. Augustin citado por R. Sarah, *Para la eternidad. Meditaciones sobre la figura del sacerdote*, p. 43.

La expresión, usada repetidamente por el Concilio Vaticano II, según la cual el sacerdote ordenado «realiza como representante de Cristo el sacrificio eucarístico», estaba ya bien arraigada en la enseñanza pontificia. Como he tenido oportunidad de aclarar en otra ocasión, *in persona Christi* quiere decir más que «en nombre», o también «en vez de Cristo». «In Persona»: es decir, en la identificación específica, sacramental con el Sumo y Eterno Sacerdote, que es el autor y el sujeto principal de su propio sacrifico, en el que, en verdad, no puede ser sustituido por nadie.[36]

En efecto, el sacerdote actúa en nombre de Cristo y en su persona. Él es el instrumento vivo de Cristo. Es Cristo quien actúa a través de él. No lo reemplaza, no lo sucede, aunque sucede a tal o cual sacerdote muerto o ausente. Para ello, así como Jesucristo no sucedió a un Dios ausente, sino que hizo a Dios presente a través de sus palabras y de sus obras, así ontológicamente el sacerdote hace presente a Cristo, se hace su instrumento privilegiado a través del cual actúa. Ser quien actúa *in persona Christi* implica toda la vida del sacerdote, y no solo el cumplimiento de las funciones sacerdotales. El desafío de la vida de un sacerdote es, por tanto, llegar a ser lo que es profundamente. Buscar constantemente configurarse con Cristo, de quien es ministro. Todo el movimiento de su corazón: su conducta, sus pensamientos, sus acciones y sus palabras tendrán la única preocupación de reproducir el misterio de la vida de Jesús.

Además, la expresión *in persona ecclesiae* significa que el sacerdote representa a la Iglesia, pero no la reemplaza. La Iglesia está presente en él cuando se presenta ante Dios. Ella no puede prescindir de él, del mismo modo que él no puede prescindir de ella. Esta relación de interdependencia y reciprocidad del

---

[36] Juan Pablo II, *Ecclesia de Eucaristía*, n.º 29.

sacerdocio ministerial en relación con la comunidad eclesial la expresa Juan Pablo II en estos términos: «No debemos considerar el sacerdocio ordenado como si fuera anterior a la Iglesia, está enteramente al servicio de la Iglesia misma. Pero tampoco debe considerarse como posterior a la comunidad eclesial, como si esta pudiera tal vez entenderse ya constituida sin el sacerdocio»[37]. Así, *in persona ecclesiae* requiere también la participación de la comunidad cristiana en el proceso de elevación de un fiel al oficio sacerdotal. Esta participación de la comunidad cristiana en el proceso de elevar a un creyente a un cargo público proviene de las bases del pueblo de Dios. Es un don de Dios, un poder recibido de Cristo cabeza.

I.10. Requisito para la comunión con diversas categorías de miembros de la Iglesia

En primer lugar, está la exigencia de la comunión con el papa, con el obispo. Luego está la exigencia de comunión y fraternidad respecto del sacerdote o del presbiterio, que es una nueva familia gracias al vínculo espiritual. El presbiterio se convierte en el lugar privilegiado de santificación, dentro del cual debemos desarrollar relaciones de ayuda mutua, corrección fraterna, apoyo de oración y compartir espiritual. Esto implica que incluso existen asociaciones que promueven la fraternidad sacerdotal.[38] En efecto, siendo el presbiterio un lugar de santificación, el sacerdote debe encontrar allí los medios específicos de formación, de evangelización y la ayuda necesaria para su

---

[37] Juan Pablo II, *Pastores dabo vobis*, n.º 16.

[38] Cf. Congregación para el Clero, *Directorio para el ministerio y la vida de los presbíteros*, n.º 29.

crecimiento humano y espiritual. Por tanto, el sacerdote debe esforzarse en no vivir aislado, sino en promover la comunión fraterna y la amistad sacerdotal, que son fuente de serenidad y alegría, apoyo decisivo en las dificultades. Porque la vida común es manifestación de la comunión sacerdotal. La Iglesia la anima mucho y soluciona el problema de la soledad.

Pero el sacerdote debe promover también el amor auténtico hacia el pueblo cristiano. Debe reconocer la dignidad de hijos de Dios común a todos los bautizados. También debe promover su compromiso al servicio de la Iglesia y realzar su carisma. El sacerdote expresa su amor al Señor amando a sus hijos espirituales, los laicos, y trabaja por su compromiso y promoción en los diversos servicios de la Iglesia. Evitando la secularización, debe favorecer las asociaciones de fieles y los movimientos o nuevas comunidades que tengan objetivos cristianos. Debe acompañarlos para que no trabajen de forma dispersa, sino que encuentren unidad de objetivos en la oración y en la acción apostólica. Su formación doctrinal requiere una atención especial.

El sacerdote debe cultivar una particular preocupación por los pobres, los pecadores, etc. El sacerdote debe especial atención y estima a las personas consagradas.[39] Deberá ocuparse de la pastoral vocacional, animando a los cónyuges cristianos a hacer de su hogar una auténtica escuela de vida cristiana. Otro elemento que se añade es la calidad de vida del sacerdote como factor decisivo en la pastoral vocacional. Cada sacerdote debe inspirar al menos una vocación para continuar su obra al servicio del Señor y a favor de los hombres. El sacerdote estará por encima de cualquier partido político, buscará ser un hombre de todos y en quien todos puedan confiar. El sacerdote debe recordar siempre que no corresponde a la Iglesia intervenir directamente en la construcción política de la vida.

---

[39]   Cf. Congregación para el Clero, obra citada, n.º 31.

I.11. Incardinación

La incardinación en una Iglesia particular se produce mediante la ordenación diaconal. La incardinación no se reduce a un vínculo jurídico, sino que supone también una serie de actitudes y opciones pastorales espirituales que contribuyen a dar una fisonomía propia a la vocación del sacerdote.[40] En efecto, la incardinación crea un verdadero vínculo jurídico con repercusiones espirituales. La incardinación crea un modo específico de pertenencia y dedicación a una Iglesia particular. Por la encarnación, el sacerdote es dado a una Iglesia particular y, por ella, a toda la Iglesia. La pertenencia y dedicación del sacerdote a una Iglesia particular sigue estando marcada por la territorialidad o localidad y la estabilidad. Estas dos características particulares marcan la «diocesanidad» en oposición a la universalidad y movilidad de los miembros de los institutos de vida consagrada y de las sociedades de vida apostólica, especialmente las de derecho pontificio.

Además, la incardinación es, por tanto, una oportunidad para el sacerdote en la medida en que le permite expresar el don de sí mismo hasta el don de la vida, siguiendo el ejemplo de Jesucristo Buen Pastor. Se opone a la vagancia, a la itinerancia, a la acefalia del sacerdote y a una consideración errónea del ministerio sacerdotal como profesión liberal. La incardinación promueve la disponibilidad para servir más. Nos permite ir al corazón mismo de la espiritualidad del sacerdote diocesano.

Por tanto, los sacerdotes diocesanos deben valorar plenamente el patrimonio espiritual de sus propias diócesis, comenzando por las cartas pastorales, los retiros espirituales, las sesiones, deben estudiar también la historia de su Iglesia particular. La espiritualidad del sacerdote diocesano adquiere su rostro pleno mediante la incardinación. Respecto a la pertenencia a una Iglesia particular, Juan Pablo II señala lo siguiente:

---

[40] Cf. Juan Pablo II, *Pastores dabo vobis*, n.º 31.

Es necesario que el sacerdote sea consciente de que el hecho de estar en una Iglesia particular constituye, en sí mismo, un elemento determinante para vivir una espiritualidad cristiana. En este sentido, el sacerdote encuentra precisamente en su pertenencia y en su dedicación a la Iglesia particular una fuente de sentido, de criterios de discernimiento y de acción que configuran su misión pastoral y su vida espiritual.[41]

Conclusión parcial

Este primer capítulo consistió en presentar la identidad del sacerdote, la naturaleza, la misión y el significado del sacerdocio ministerial. Se trataba de la identidad del sacerdote tal como la define la doctrina de la Iglesia. El sacerdote debe ser consciente de que su vocación es un misterio totalmente inserto en el misterio de Cristo y de la Iglesia, de un modo nuevo y específico, y que esto le implica totalmente en la actividad pastoral que da sentido a su existencia. El sacerdocio es un misterio y un don de Dios a la Iglesia en el ministerio de algunos de sus fieles, los sacerdotes, que sacramentalmente representan a Jesucristo. El sacerdocio del sacerdote hace visible la acción de Cristo. Lamentablemente, hoy hay una crisis profunda y sin precedentes en el ministerio sacerdotal.

---

[41] *Ibidem*, n.º 31.

Capítulo II
La crisis del sacerdocio hoy: algunas señales

II.0. Introducción

El ministerio sacerdotal se enfrenta hoy a numerosas críticas, tanto internas como externas a la Iglesia. La vida sacerdotal aborda varias dificultades en el contexto actual. Ante los desafíos de la nueva evangelización, surgen hoy diferentes cuestiones doctrinales, disciplinares y pastorales. De hecho, nos encontramos en un mundo de relativismo, en una cultura hedonista, materialista y capitalista. Además, en determinadas sociedades existe un horror a las referencias religiosas y al color cristiano. Por esto hay que acudir a Jesucristo, porque es Él quien es la respuesta, y ver cómo su gracia sigue actuando en muchos sacerdotes. Personalmente, de los sacerdotes que ya he encontrado en mi vida, he visto en todos el Cristo presente, y en la gran mayoría de ellos he visto en su vida, una vida digna del cristiano y del sacerdote, tenemos también ejemplos de grandes santos de nuestra época, como san Manuel González, al que conocí a través de su libro *Lo que puede un cura hoy*.

En este segundo capítulo de este tratado, comienzo exponiendo las sombras y las luces de la actividad ministerial a partir del contexto actual. Luego daremos algunas explicaciones sobre la crisis del sacerdocio. Señalaremos también algunas tentaciones de un espíritu democrático desplazado, que conducen a la clericalización de los laicos. Lanzaremos una invitación a interpretar los signos de los tiempos. Y, finalmente, enfatizaremos la necesidad y la urgencia de la nueva evangelización en las circunstancias actuales frente al desafío de los nuevos movimientos religiosos.

II.1. Sombras y luces del ministerio sacerdotal

Es alentador comprobar que hoy una inmensa mayoría de sacerdotes de todas las edades ejercen su ministerio con alegría, trabajando hasta el límite de sus fuerzas y a veces sin ver los frutos de su trabajo. Por eso constituyen hoy un anuncio vivo de esta gracia divina derramada en el momento de la ordenación y que continúa dando fuerza cada vez nueva a los ministerios sagrados.[42] Esto equivale a decir que **no debemos perder de vista los esfuerzos que algunos sacerdotes hacen para ser fieles a sus compromisos sacerdotales. Porque sus testimonios siguen edificando al mundo entero y a toda la Iglesia.**

---

[42] Congregación para el Clero, *Directorio para el ministerio y la vida de los presbíteros*, n.º 37.

Junto a este aspecto luminoso, no faltan las sombras. Tienden a empañar la belleza y a hacer menos eficaz el ministerio sacerdotal. En efecto, el ministerio pastoral es una tarea fascinante, pero ardua, siempre expuesta a la incomprensión y la marginación, al cansancio, a la desilusión de los demás, al aislamiento y, a veces, a la soledad. Ciertos fenómenos nos hacen comprender que, efectivamente, hay sombras que empañan la belleza del sacerdocio hoy. Se trata, entre otras cosas, de la reducción de las vocaciones sacerdotales en determinadas sociedades, de la renuncia al ejercicio del ministerio, del escándalo de los abusos sexuales y de la falta del respecto a la autoridad, todo esto no nos ayuda a unirnos a Cristo. Falta de fidelidad al Evangelio tal cual es; por ejemplo, cuando se condena el divorcio o ciertas prácticas diabólicas, el ministro ha de predicar la palabra del Señor como tal; como decía el gran san Agustín, según las realidades de su época, la verdad debe scr dicha con amor, pero el amor nunca puede impedir decir la verdad; amar a sus fieles es, sin duda, predicarles la verdad que es Cristo, la palabra de Cristo; lo expresa muy bien el gran Concilio Vaticano II en la *Constitución Dei Verbum*: «Por eso, todos los clérigos, especialmente los sacerdotes, diáconos y catequistas dedicados por oficio al ministerio de la palabra, han de leer y estudiar asiduamente la Escritura para no volverse predicadores vacíos de la palabra, que no la escuchan por dentro».[43]

Para el papa Juan Pablo II: «En todo el mundo, incluso después de la caída de las ideologías que habían hecho del materialismo un dogma y del rechazo de la religión un programa, se está difundiendo una especie de ateísmo práctico y existencial que coincide con una visión secularizada de la vida y el destino del hombre»[44]. Sin embargo, la figura del sacerdote católico ha quedado hoy algo desfasada. Peor aún, con el principio de de-

---

[43] Vaticano II, *Dei Verbum*, n.º 25.

[44] Juan Pablo II, *Pastores dabo vobis*, n.º 7.

mocratización de todos los ámbitos de la vida, incluso la autoridad espiritual necesita ser legitimada, dado que esta sociedad está muy marcada por la idea de igualdad. A partir de entonces, el ministerio sacerdotal se asocia a la idea de omnipotencia. Además de esto, entre los propios sacerdotes hay cierta desconfianza de unos hacia otros. Se observa una especie de categorización de los sacerdotes: por un lado, están los sacerdotes viejos que piensan que su ministerio está legitimado desde arriba y, por otro lado, los sacerdotes jóvenes. Estos, enfatizan el servicio.

En cuanto a la indiferencia religiosa o el desinterés religioso, observemos que se trata de un fenómeno que tiene múltiples caras y que se caracteriza por el simple desconocimiento de las realidades religiosas o por una total ignorancia religiosa. Puede seguir siendo una indiferencia razonada y argumentada que roza el ateísmo, pero no se excluye que también esté ligada a las circunstancias de la vida, al hecho de que uno está demasiado ocupado o demasiado preocupado para interesarse por estas realidades... El fenómeno de **la indiferencia religiosa no concierne solo a la sociedad occidental**, como muchos suelen pensar. La sociedad africana también muestra signos de esto en algunos de sus países. Desde que vine en Occidente, me asusto cuando me dicen que África es el continente de la esperanza. Mi respuesta es, muchas veces, que **solo Dios sabe**. Yo he nacido y crecido en África y allí quiero y voy por voluntad del Señor a desarrollar mi futuro ministerio sacerdotal, pero tengo la conciencia de que también hay bastantes problemas, aunque los que veo aquí, en Occidente, me dan mucho miedo; Occidente «evangelizador», Occidente de san Benito y de la gran santa de los tiempos modernos, Teresita del Niño Jesús, Occidente de los grandes santos.

El problema que tiene África es también de indiferencia religiosa, algunos piensan que África, con el número de los cristianos que hay hoy, o porque muchos católicos africanos siguen siendo fieles a ciertos valores de nuestra fe, África es el continente que garantiza el futuro de la Iglesia —en cuanto a la evangelización—. Yo, como africano de la África Negra que conoce y que vive y vivirá esa experiencia, no sé qué opinar por muchas razones, como el hecho de que no cuenta solo el número de los cristianos, sino también la cualidad; es verdad que en África Negra muchos cristianos participan de los sacramentos, pero hay algunos que participan menos.

Recuerdo las preciosas celebraciones litúrgicas en mi tierra, dichas normalmente con alegría, devoción y sin prisa. Mis primeros días en Occidente no sentía, al principio, la misma alegría de las celebraciones litúrgicas en mi tierra, pero siempre estuve convencido de una cosa: de que eran siempre **misas en las que se ofrece el mismo sacrificio de Jesucristo,** y también me di cuenta de que estuve en otro lugar, con otras culturas, con realidades muy buenas y, otras, obras del demonio.

Es verdad que las misas han de decirse normalmente, porque si dedicamos casi todas las noches de sábado a comer y a beber, ¿por qué no dedicar el domingo al Señor para participar con el corazón, y con tranquilidad, en la misa para dar frutos? Es verdad que no se ha de ir en las celebraciones dominicales únicamente para cantar, menos aún a bailar, pasando así **excesivo tiempo;** la inculturación es muy importante y muy bonita cuando no va en contra de los elementos fundamentales de la doctrina de la Iglesia católica —por ejemplo, el caso de la poligamia en África, no se debe nunca decir que se normaliza por razón de inculturación—. Como cristianos, cuando vamos a la misa, es un sacrificio de Jesucristo, tenemos que **escucharla e vivirla sin prisa, porque es el gran misterio que se celebra cada día en toda la tierra,** por eso que el santo sacrificio de la misa debería decirse con normalidad, **y no con una rapidez excesiva;** predicar la palabra del Señor con fe, con sencillez, es decir, con claridad y no ambigüedad, como si uno no estuviera convencido de lo que esa palabra dice. Nos dice el gran concilio Vaticano II en la constitución *Sacrosanctum concilium*: «Los ritos deben resplandecer con una noble sencillez; deben ser breves, claros, evitando las repeticiones inútiles; adaptados a la capacidad de los fieles y, en general, no deben ser necesarias muchas explicaciones».[45]

Para hablar de África, del que creo que es «continente de la esperanza», como me dicen muchas veces aquí, creo también que es un continente necesitado de evangelización, ya que no debe afirmarse que África es solo el África al sur de Sahara, sino también el África del Norte, que hace muchos años que ha llegado a islamizarse y, por tanto, en esa parte de África la Iglesia había florecido y había dado muchos frutos de santidad, algunos conocen solo a san Agustín, pero hay más que esto. Hoy día, mi obispo me ha mandado estudiar en Occidente, pero antiguamente la Escuela de Alejandría fue una de las más grandes y raras en su época. Yo personalmente pido mucho los Viernes Santos para la conversión de los judíos, ante todo, y también para que los norteafricanos, a los que la historia de la Iglesia parece olvidar, vuelvan también a sus inicios, a sus raíces, que sean cristianos. Ante la lectura de lo que acabo de escribir, mi lector se va a dar cuenta de que **África sigue siendo un continente muy necesitado de evangelización**, una nueva evangelización más inculturada, y una inculturación que no debe ser excusa para cambiar, tocar a los elementos fundamentales de nuestra fe, a los sacramentos y sus exigencias. Y así África volverá y crecerá totalmente en la Iglesia de Cristo y con ella. La idea de un «Dios de los blancos» no son los misioneros los que lo habían traído, sino los musulmanes para convencer a algunos de mis hermanos africanos a seguir su religión.

Actualmente, **hay un hecho que se suele omitir en los libros de historia,** sobre todo por las personas extremistas, este hecho que intentan omitir en los libros de la historia, pero

---

[45] *Sacrosanctum concilium*, n.º 34.

que por la gracia del Señor no se omitirá jamás es el **espectacular florecimiento de la vida cristiana durante los primeros siglos en** África del Norte. Es un silencio a veces malévolo, porque se instrumentaliza políticamente, como piensa Lizalde en su obra *Todos los santos africanos*. Algunos malos historiadores difunden algo falso: que el cristianismo lo llevaron a África por primera vez los colonizadores. Cuando muchos de los antepasados de los colonizadores adoraban todavía a los dioses paganos, en el norte de África pervivía la fe en Cristo con una profundidad tan sorprendente. La gran mayoría de los novecientos cuarenta santos africanos canonizados —digo «canonizados» sabiendo que ante Dios muchos son conocidos, son santos, pero los más seguros son los que la santa Iglesia ha reconocido—. Como no están reseñados absolutamente todos, porque de muchos de ellos no hay documentación hagiográfica, podemos asegurar son más de mil.

Quienes han difundido la idea de un «**Dios de los blancos**» en África no son los misioneros, sino los musulmanes, para resaltar la primicia de Alá y Mahoma en el continente de san Agustín, de la beata Anuarite y de los santos mártires de Uganda. Pero lo cierto es que cuando aún no había nacido Mahoma —se estima que nació en el año 570 *post Christum natum*—, el Viejo Continente había dado a la Iglesia tres papas: Víctor I (papa entre 189 y 199), Melquiades (entre 311 y 314) y Gelasio (entre 492 y 496). Cuando Constantino el Grande convocó el Concilio Ecuménico de Nicea, en el año 325, los grandes debates para rebatir la teoría de Arrio —que también era africano— los llevaron adelante teólogos de origen africano, en especial san Atanasio. Es importante recordar también que los cristianos norteafricanos tenían una gran preparación cultural. Muchos se formaron en la **Escuela Teológica de Alejandría, creada en el año 180**. Alcanzó su máximo esplendor con Orígenes, que también era africano, entre el año 220 y el año 250.[46] No es ninguna casualidad que África haya dado a la Iglesia sabios y santos de gran talla, en especial el gran san Agustín, san Atanasio, san Cipriano, los mártires de Uganda, la beata Anuarite... ¿Seguirá dando santos también en estos momentos de crisis? Solo Dios sabe.

En el Occidente actual, tenemos de todo, pero ¿el mal dominará sobre el bien, el engaño sobre la verdad, que es Cristo y su palabra, sin olvidar su santa y pura voluntad, que se hace en nosotros desde el momento de nuestra concepción? África, América, Asia y Occidente, todos los pueblos de la Tierra necesitan una conversión, y los santos una santificación más grande, por eso tenemos que mirar a la Santísima Trinidad, fuente y origen de toda santificación. En el caso de Occidente, hay tanto la secularización como la indiferencia religiosa. Permitidme decir con padre José Rivera:

> No es solo el sacramento que expresa nuestra fe, sino que es también, sobre todo, el sacramento que nos produce la fe y nos hace creer. Ya debemos tener la fe, pero la fe nuestra nace de que hay eucaristía. Nuestra fe empezó en el bautismo, claro, pero podemos ir adhiriéndonos a Jesucristo, precisamente para que aumente nuestra fe y entonces nos unamos y la expresamos juntos.[47]

Sin embargo, este fenómeno de indiferencia religiosa que ahora se constata, por desgracia, en el mundo entero, donde está escondida la Santa Iglesia de Cristo, no debe confundirse con el de secularización. Según Víctor Biduaya, «la secularización es el proceso de eliminación, o al menos de reducción de la trascendencia de lo sagrado y de lo religioso».[48] En cuanto a la indiferencia religiosa, es un fenómeno que ha adquirido múltiples caras.

---

[46] J. L. Lizalde, *Todos los santos africanos*, Madrid, Mundo Negro, p. 3.
[47] J. Rivera, *Vivir para Cristo Eucaristía*, Toledo, Trébedes, 2020, p. 105.
[48] V. Biduaya Badiunde, obra citada, p. 56.

El cristianismo es hoy víctima de la crisis que sacude al mundo en general. De hecho, a menudo se piensa incluso en oposición a la sociedad. Muchos ya no consideran el Evangelio como la base para responder a las preguntas candentes y cruciales de la sociedad. En la medida en que los hombres dejan de creer en lo divino o de darle importancia en la jerarquía de valores, la religión deja de tener un papel social movilizador y normativo. Es, por tanto, la secularización de la sociedad. Todo esto es solo el resultado de la mentalidad posmodernista y sus consecuencias, que causan muchos daños. De ahí el abandono silencioso de los valores religiosos cristianos, como vemos en la mayoría de las sociedades.

II.3. Tentación del espíritu democrático desplazado

Nuestra Iglesia es jerárquica, y no democrática, y la autoridad en la Iglesia es un servicio a Cristo esposo de la Iglesia y a través del servicio a los hermanos. Subrayo esto porque entre los obstáculos que hoy se encuentran está lo que podríamos llamar «un espíritu democrático desplazado», es decir, el democratísimo. Hay que subrayar desde el principio que la Iglesia reconoce todos los méritos y valores que la cultura democrática ha aportado a la sociedad civil, por un lado. Por otra parte, la Iglesia siempre ha luchado, con todos los medios a su alcance, por el reconocimiento de la igual dignidad de todos los hombres. Fortalecido por esta tradición eclesial, el Concilio Vaticano II se expresó abiertamente sobre la dignidad común de los bautizados.[49]

Sin embargo, también es necesario afirmar que la mentalidad y las prácticas de ciertas corrientes culturales, sociales y políticas de nuestro tiempo no son automáticamente transferibles dentro

---

[49] Cf. Vaticano II, *Presbyterorum Ordinis*, n.º 7

de la Iglesia. La Iglesia, en efecto, debe su existencia y su estructura al designio salvífico de Dios. Se contempla a sí misma como don de la benevolencia del Padre, que la liberó mediante la humillación de su Hijo en la cruz. La Iglesia quiere, por tanto, ser en el Espíritu Santo, totalmente conformada y fiel a la voluntad libre y liberadora de su Señor Jesucristo. Por este misterio de salvación, la Iglesia, por su naturaleza, es una realidad distinta de las simples sociedades humanas.

Se ha de notar, sin embargo, que el democratísimo comete una grave tentación, la de empujar a los fieles a no reconocer la autoridad y la gracia capital de Cristo y con ello distorsiona la Iglesia, como si fuera solo una sociedad humana. Esta tentación se refiere a la constitución jerárquica tal como fue deseada por su divino fundador, como la ha enseñado siempre el magisterio, como la misma Iglesia la ha vivido de manera ininterrumpida. Dicho esto, la participación en la Iglesia se funda sobre todo en el misterio de la comunión, que por su naturaleza incluye la presencia y la actividad de la jerarquía eclesiástica.[50]

En la Iglesia no podemos admitir tal mentalidad. Esto se manifiesta especialmente en determinadas organizaciones de participación eclesial. La misma mentalidad democrática se presta a mucha confusión. Por un lado, ya no sabemos hacer una distinción real entre los deberes de los sacerdotes y los de los laicos. Y, por otra parte, entre los deberes de los presbíteros y los deberes de los obispos. Semejante mentalidad puede llevar a negar la especificidad del ministerio de Pedro en el colegio episcopal.

Entonces, a veces sucede que al querer la colaboración o la valorización de los laicos caemos en el otro extremo: minimizar la diferencia que existe entre el sacerdocio bautismal de los laicos y el sacerdocio ministerial conferido por el sacramento del orden.

---

[50] Cf. Congregación para el Clero, *Directorio para el ministerio y la vida de los presbíteros*, n.º 17.

Así, hoy se notan varias transformaciones. Luego debemos leer e interpretar los signos de los tiempos.

II.4. Leer e interpretar los signos de los tiempos

En vista de lo anterior, conviene recordar que la vida y el ministerio de los presbíteros se desarrollan siempre en el contexto histórico, marcado por nuevos problemas y nuevas soluciones, en el que la Iglesia vive en peregrinación sobre la tierra. Además, el sacerdocio no nace de la historia, sino de la voluntad inmutable del Señor. Sin embargo, se enfrenta a circunstancias históricas, aunque siempre manteniéndose fiel a sí mismo. Se configura también en opciones concretas, a través de una relación crítica y la búsqueda de un acuerdo evangélico con los signos de los tiempos. Por tanto, los sacerdotes tienen el deber de interpretar estos signos a la luz de la fe y someterlos a un discernimiento prudente. Por eso V. Biduaya señala: «En este mundo caracterizado por el fenómeno de la secularización y la indiferencia religiosa, muchas realidades pueden privarnos a los sacerdotes de la alegría de la vocación a la que hemos sido llamados»[51].

Teniendo esto en cuenta, los sacerdotes no deben ignorar estos signos de los tiempos, especialmente si quieren orientar su vida de manera eficaz y relevante para que su servicio y su testimonio sean cada vez más fructíferos para el Reino de Dios. Sin embargo, el sacerdote del tercer milenio debe ser, en este sentido, la continuación de los sacerdotes que, en el milenio anterior, animaron la vida de la Iglesia. Asimismo, la vida y el ministerio del sacerdote deben adaptarse a cada época y a todos los ámbitos de la

---

[51] *Ibidem*, p. 53.

vida.[52] Nunca podremos decirlo lo suficiente, en las condiciones actuales de la Iglesia y de la sociedad, los sacerdotes están llamados a vivir su ministerio con profundidad, teniendo en cuenta las exigencias del orden no solo pastoral, sino también social y cultural a las que deben enfrentarse.

En cualquier caso, de lo anterior se desprende que los sacerdotes de hoy están llamados a dedicarse a varios campos de apostolado que requieren generosidad y abnegación, y una cierta preparación intelectual. También están llamados a una vida espiritual madura, una vida enraizada en la caridad pastoral. Esto solo es posible en el espíritu de una nueva evangelización, que es una exigencia de nuestro tiempo.

II.5. La nueva evangelización: una necesidad de nuestros tiempos

El papa Juan Pablo II, a lo largo de su pontificado, nunca dejó de exhortar a la Iglesia a emprender una nueva evangelización, es decir, a proclamar la Buena Nueva de Jesucristo con un nuevo ardor alimentado por la contemplación del rostro de Cristo, según un nuevo método que responda a los desafíos de nuestro tiempo, llegando así a una expresión nueva que tiene como **principio y fundamento Cristo**, fiel a la sagrada tradición, a la santa Escritura y al magisterio de la Iglesia, una expresión más inculturada y relevante del mensaje evangélico para hoy y mañana. En su carta encíclica *Redemptor omnis*, Juan Pablo II, lo expresa así:

> Es necesario, por tanto, que todos nosotros, cuantos somos seguidores de Cristo nos encontremos y nos unamos en torno a Él mismo. Esta unión, en los diversos sectores de la vida, de

---

[52] Cf. Juan Pablo II, *Pastores dabo vobis*, n.º 5.

la tradición, de las estructuras y disciplinas de cada una de las Iglesias y comunidades eclesiales, no puede llevarse a cabo sin un valioso trabajo que tienda al conocimiento recíproco y a la remoción de los obstáculos en el camino de una perfecta unidad.[53]

En efecto, la nueva evangelización pretende ser un espacio donde el Evangelio debe ser reexaminado en su fecundidad frente a las cuestiones éticas, espirituales, sociales, políticas y económicas de nuestras sociedades. Un espacio donde la revelación bíblica sería nuevamente pensada y vivida como un principio básico para guiar el futuro, para comprometer la vida de las personas en el camino de cuestionamientos fundamentales y transformaciones profundas de su comprensión del destino común de la humanidad...

Ante todo, cabe señalar que el sacerdote está particularmente implicado en el compromiso de la Iglesia por una nueva evangelización. A partir de su fe en Jesucristo, redentor del hombre, sabrá encontrar solo en Él una riqueza infinita, que ninguna época ni ninguna cultura puede agotar, y gracias a la cual los hombres pueden enriquecerse. De hecho, es el momento para que el sacerdote renueve su fe en Jesucristo, que es el mismo «ayer, hoy y siempre» (Heb 13,8). Por tanto, la llamada a la nueva evangelización es, ante todo, una llamada a la conversión. Al mismo tiempo, es un llamado a la esperanza.[54]

En nuestro contexto, el sacerdote debe, sobre todo, reavivar su fe, su esperanza y su amor sincero hacia el Señor. Hará todo lo posible para ofrecer al Señor a la contemplación de los fieles y de todos los hombres tal como él es verdaderamente: primero, una persona viva, fascinante, luego, que nos ama más que a todos y

---

[53] Encíclica *Redemptor Hominis*, Madrid, Ed. Paulinas, 1979, p. 29.
[54] Cf. Congregación para el Clero, *Directorio para el ministerio y la vida de los presbíteros*, n.º 34.

que dio su vida por nosotros: «No hay mayor amor que dar la vida por los que amas» (Jn 15,13). Si la ausencia del sacerdote en la vida de una comunidad es una angustia indescriptible, conviene reconocer que el mundo de hoy necesita sacerdotes que traigan noticias alegres. Noticias capaces de hacer bailar a los cojos y gritar a los mudos. Necesita sacerdotes con una palabra poderosa que hablen con sencillez para llegar al corazón de los más pequeños De ello se deduce que el sacerdote, consciente de que cada persona busca, de diversas maneras, un amor capaz de hacerle ir más allá de los límites de la debilidad, del egoísmo y, sobre todo, de la muerte. Tendrá que proclamar que Jesucristo es la fuerza para cumplir todas estas expectativas.[55]

II.6. El desafío de las sectas y las nuevas religiosidades

La proliferación de sectas y nuevas religiosidades es, sin duda, uno de los grandes desafíos del momento. Este fenómeno sigue siendo uno de los fenómenos que revelan la crisis del ministerio sacerdotal hoy. De hecho, la proliferación de sectas y nuevas religiosidades, así como su difusión entre los fieles católicos, constituyen un desafío particular para el ministerio pastoral. En este fenómeno subyacen motivaciones complejas. De hecho, las sectas prometen todo. Invitan a la gente a aceptar el sufrimiento aquí en la tierra para luego heredar el paraíso. Además, tienen una visión pesimista de la vida. Su idea del mundo actual y de la vida actual es muy negativa. La vida, que ya es un castigo, según ellos, solo puede responder a algo distinto a la voluntad del seguidor.

---

[55] Cf. *Ibidem*, n.º 36.

Roban a la persona no solo su fe, su identidad y sus pensamientos, sino también su voluntad.[56]

La proliferación de nuevos movimientos religiosos y la atracción por espiritualidades esotéricas, especialmente en África, es un fenómeno que nos preocupa y desafía al mismo tiempo. En efecto, con el surgimiento de nuevos movimientos religiosos tenemos la impresión de que el cristianismo tiende a virar hacia una religión del sentimiento, del fatalismo, de la esperanza en el más allá, en divinidades que cuidan no de lo citado, sino del individuo. Los nuevos movimientos religiosos, según nos parece, también están al servicio de un Evangelio sin exigencias de justicia, de paz, de equidad y que, por tanto, presenta a un Jesús que adormece las conciencias. Ahora bien, la fe cristiana es un factor crítico, el Reino de Dios es una categoría crítica y la salvación en Cristo es salvación en el contexto de la sociedad humana en el camino de la reconciliación. Uno de los santos de nuestra época, un pastor, un sacerdote, un gran sacerdote, san Manuel González, escribe en su obra *Lo que puede un cura hoy*:

> La soberanía pulmonar...; desde que he sabido que no valen razones ni derechos, sino pulmones y tinta, estoy convencidísimo de que nuestras parroquias y sus enseñanzas serían más oídas, respetadas y tenidas en cuenta, si supieran y contaron a los hombres, más o menos públicos, periódicos, corporaciones, etc., que con ellos se meten, que sobre sus caras y sus espadas estaba suspendido un látigo que, por estar hecho con cuerdas de razones como puños y verdades como templos, debe doler mucho.[57]

---

[56] Cf. D. Mushipu Mbombo, *La teología africana frente a las sectas. Desafío lanzado a la sociedad y a las grandes iglesias africanas*, París, L'Harmattan, 2017, p. 145.

[57] San Manuel González, *Lo que puede un cura hoy*, Madrid, EGDA, 1999, p. 215.

En cualquier caso, y en todos los casos, el ministerio sacerdotal debe responder con prontitud y determinación a esta búsqueda de lo sagrado y de una espiritualidad auténtica que vemos hoy. Lo que prueba que las razones que exigen que el sacerdote sea hombre de Dios y maestro de oración son mucho más pastorales.

Además, al mismo tiempo surge una necesidad. Corresponde a la comunidad confiada al cuidado pastoral del sacerdote ser verdaderamente acogedora, de modo que ninguno de sus miembros pueda sentirse anónimo u objeto de indiferencia. Esta es una responsabilidad que ciertamente corresponde a todos los fieles, y de manera muy particular al sacerdote, que es el hombre de la comunidad.

Sobre el fenómeno de las sectas y de las nuevas religiosidades, Juan Pablo II escribe: «El deseo de Dios y de una relación viva y significativa con Él es tan manifiesto hoy que favorece, donde se realiza el anuncio integral del evangelio de Jesús, la difusión de formas de religiosidad sin Dios y de múltiples sectas».[58] Su propagación es para todos los hijos de la Iglesia, particularmente para los sacerdotes, un motivo constante de examen de conciencia sobre la credibilidad de su testimonio evangélico; pero esta difusión es también un signo de que la búsqueda de Dios sigue siendo profunda y generalizada.

Para afrontar el desafío de las sectas y de las nuevas religiosidades, se recomienda especialmente una catequesis contextualizada y completa. Esta catequesis exige hoy un esfuerzo especial por parte del sacerdote, con el objetivo de que todos sus fieles comprendan y conozcan verdaderamente el significado de la vocación cristiana y de la fe católica. Es necesario educar a los fieles para que conozcan bien la relación que existe entre su vocación específica y su pertenencia a la Iglesia. Todo esto solo se conseguirá si el sacer-

---

[58] Juan Pablo II, *Pastores dabo vobis*, n.º 6.

dote, en su vida y en su ministerio, evita todo lo que pueda provocar tibieza, frialdad o una adhesión un tanto selectiva a la Iglesia.

Conclusión parcial

En definitiva, la sombra de la noche parece flotar hoy sobre la vida de los sacerdotes. En este segundo capítulo de este libro, mi esfuerzo ha consistido en dar algunos signos de crisis al ministerio sacerdotal. Empecé señalando algunas luces que iluminan la vida del sacerdote, entre otras, el notable compromiso de ciertos sacerdotes de todas las edades, que ejercen su ministerio con gran alegría, trabajando hasta el final de sus fuerzas y a veces sin ver el fruto de su mano de obra. Su testimonio continúa construyendo el mundo. Junto a estas luces, no faltan las sombras que tienden a empañar su belleza y nobleza y hacer menos eficaz el ejercicio del ministerio. Más allá de todas las críticas, debemos saber que el ministerio sacerdotal es una empresa fascinante, pero ardua, siempre expuesta a la incomprensión y al marginamiento, al cansancio, etcétera.

Vivimos en una sociedad cada vez más secularizada y pluralista, he hablado con una atención particular de la sociedad africana y occidental. Qué escándalo ver, por ejemplo, a la sociedad norteafricana hoy, sin muchos fieles católicos cuando fue de las más florecientes en los primeros siglos. La crisis se vive en todas las partes del mundo, no solo en Occidente, como algunos piensan. Varias razones permiten comprender esta crisis del ministerio sacerdotal, entre ellas la indiferencia religiosa, el abandono silencioso de los valores religiosos cristianos, la proliferación de Iglesias renacentistas, la distorsión de la imagen de la Iglesia y del sacerdote.

En cualquier caso, para superar el desafío que la mentalidad secularizada plantea al sacerdote, este cuidará de reservar el primado absoluto a la vida espiritual, de permanecer siempre al lado de Cristo y de vivir con generosidad la caridad pastoral, intensificando la comunión con todos. Sobre todo, debe tomar conciencia de su identidad, redescubrirla, fortalecerla. También debe conocer el significado del sacerdocio, su belleza y su misión. Nuestro tercer capítulo se centrará en el redescubrimiento de la identidad sacerdotal.

Capítulo III
Fortalecimiento de la identidad sacerdotal

III.0. Introducción

En este tercer capítulo de esta pequeña obra, voy a dar algunas propuestas para una espiritualidad sacerdotal. Porque los sacerdotes viven su ministerio en tiempos de incertidumbre. Estos pueden despertar miedos como los alces. La misión del sacerdote no es lograr salvar el mundo a través de tácticas y estrategias misioneras, sino lograr vivir su vocación con pasión. Si el mundo predica producción y éxito, el Evangelio predica fertilidad. Es necesario fortalecer la identidad sacerdotal. Dicho esto, el sacerdote está llamado a ser santo, porque el Dios al que sirve es un Dios santo. Debe permanecer con Cristo en oración. Se esforzará por predicar la palabra en todas las circunstancias, así como por vivirla. Debe practicar la caridad pastoral siguiendo el ejemplo de Cristo. Comprender el significado pastoral y misionero del celibato sacerdotal. La formación permanente será de capital importancia en la vida del sacerdote para su realización y para la eficacia de su ministerio. Lo mismo ocurre con el sacramento de la penitencia. Entre los tres consejos evangélicos, la obediencia tendrá ciertamente un lugar especial en la vida del sacerdote. Estos son los elementos en torno a los cuales se centran este capítulo.

III.1. Permanecer con Cristo en oración

Se trata de la primacía de la vida espiritual, como lo vivió y lo hizo san padre Pío, así como otros grandes santos como, san Juan de la Cruz... Precisamente para poder ejercer fructíferamente su ministerio pastoral, el sacerdote necesita entrar en una unión particular y fructífera con Cristo, Buen Pastor, que es el único protagonista principal de toda acción pastoral.

Para ello, la vida espiritual debe encarnarse en la existencia de cada sacerdote a través de la liturgia, la oración personal, el estilo de vida y la práctica incesante de las virtudes cristianas, que contribuyen a la fecundidad de la acción ministerial. La identificación con Cristo exige, por así decirlo, respirar un clima de amistad y de encuentro con el Señor Jesús, de servicio a la Iglesia, su cuerpo, a quien el sacerdote demostrará su amor cumpliendo fielmente y sin falta los deberes de su ministerio pastoral.

De hecho, la vida del sacerdote debe volverse no solo «cristocéntrica», sino también «cristoformada» en sus pensamientos, sus acciones, su estilo de vida y su expresión pública. Así, al encontrar a Jesús, el sacerdote experimentó la plenitud de la vida y por eso desea con todo su ser que los demás lo reconozcan y puedan conservar su amistad, nutrirse de su palabra y celebrarlo en la comunidad. El sacerdote debe ser un hombre de Dios, un hombre de oración. Es en la oración donde encuentra significado a su sacerdocio y la fuerza para cumplir su misión. Esto es lo que los fieles y otros hombres y mujeres buscan en él: que sea verdaderamente un hombre de Dios. El mismo Jesús quiso dejarnos un testimonio de su oración. Toda su actividad diaria tenía su origen en la oración.

Según el *Directorio para el ministerio y la vida de los presbíteros*:

> El cuidado de la vida espiritual debe ser sentido por el mismo sacerdote como un deber gozoso, pero también como un derecho de los fieles que buscan en él, consciente o inconscientemente, al hombre de Dios, el consejero, el mediador de la paz, el amigo fiel y prudente, el guía confiable en quien confiar en los momentos más difíciles de la vida para encontrar consuelo y seguridad.[59]

Por ello, a ejemplo de Cristo, el sacerdote debe mantener siempre el fervor y el número de momentos de silencio y oración para cultivar y profundizar su relación existencial con la persona viva del Señor Jesús. El sacerdote también debe imitar a la Iglesia que reza para permanecer fiel a su compromiso de «permanecer con Jesús». Esto se hace de varias maneras: haciendo de la palabra de Dios objeto de una reflexión continua. El sacerdote debe creer siempre en lo que enseña; debe celebrar los sacramentos con alegría y convicción. Así, reconociendo el vínculo especial que lo asocia a Cristo, el sacerdote debe estar preparado para afrontar los momentos en que pueda sentirse solo entre los hombres; renovará con fuerza su unión con Cristo que, en la eucaristía, es su

---

[59] Congregación para el Clero, *Directorio para el ministerio y la vida de los presbíteros*, n.º 39.

refugio y su mejor descanso. Es en el Señor donde el sacerdote encontrará la fuerza y los instrumentos para acercar a los hombres a Dios, provocar la fe y animar a la acción y al compartir.[60] En su *Tratado sobre el sacerdocio*, el patrón del clero secular español, san Juan de Ávila, afirma:

> El sacerdote en el altar representa en la misa a Jesucristo nuestro Señor, principal sacerdote y fuente de nuestro sacerdocio; y es mucha razón que quien le imita en el oficio, lo imite en los gemidos, la oración y las lágrimas que en la misa celebró el Viernes Santo en la Cruz, en el monte Calvario, derramó por los pecados del mundo: *Et exauditus est pro sua reverentia* (He 5, 7), como dice el apóstol San Pablo.[61]

III.2. Llamado específico a la santidad

El sacerdote, como todo bautizado, está llamado a la santidad. Sin embargo, el sacerdote como pastor debe sentir esta llamada de manera muy especial para poder servir de modelo a las ovejas. El sacerdocio orienta al sacerdote hacia la santidad. La misión del sacerdote es santificar al pueblo que le ha sido confiado. La santidad del sacerdote proviene del Padre que nos consagra. En esta consagración hay un deseo de profunda comunión con el Señor.

De hecho, la llamada universal a la santidad se dirige en una nueva calidad al sacerdote en virtud del sacramento del orden. El sacerdote está dotado de una gracia particular que le permite esforzarse por alcanzar la perfección de aquel a quien representa.

---

60 Cf. *Ibidem*, n.º 42.
61 San Juan de Ávila, *Tratado sobre el sacerdote*, Montilla-Córdoba, pp. 16-17.

Es Dios quien llama a su pueblo a la santidad; y es nuevamente Él quien proporciona los medios que le permiten alcanzar este ideal. Por tanto, si sucede que muchos sacerdotes no se santifican continuamente es porque un gran número no utiliza todos estos medios con diligencia, humildad y perseverancia. Optan fácilmente por la ley del mínimo esfuerzo, aunque la puerta y el camino que conduce al Reino de Dios sean estrechos y reservados (Mt 7,13-14).

En este mundo de camino, el sacerdote escucha el llamado de Dios para su vida personal: «Sed santos, porque yo, el Señor vuestro Dios, soy santo» (Lv 19,2). San Pedro continúa por su parte: «Escrito está: seréis santos, porque yo soy santo» (1P1, 16). El camino hacia la santidad no es una opción, sino una vocación, la nuestra. Este camino debe ser sabroso: «Vosotros sois la sal de la tierra» (Mt 5, 13). Cuando la vida espiritual del sacerdote es serena, comunica a los demás el sabor de la vida. Por eso la santidad es comunicativa y ahuyenta las trivialidades. Los sacerdotes no deben olvidar que están expuestos a los ataques de los demonios, mucho más tentados que otros fieles. Pero la asistencia de Dios a quienes se dedican al bien del rebaño es grande y fiel (1Co 10:13; Ef 6:10).

El sacerdocio requiere que el sacerdote brille con santidad. «En efecto —afirma san Juan Crisóstomo—, el alma del sacerdote debe ser más pura que los rayos para que el Espíritu Santo nunca lo abandone, para que pueda decir: "¡Ya no vivo, pero soy Cristo, que vive en mí!"».[62] Por tanto, el sacerdocio es el bien más preciado de la Iglesia. Debe irradiar al mundo con la luz y la santidad de Dios. Es evidente que la santidad que debe resplandecer en el sacerdote proviene de la santidad de Dios.

---

[62] San Juan Crisóstomo, citado por R. Sarah, *Para la eternidad. Meditaciones sobre la figura del sacerdote*, p. 7.

III.3. Predica la palabra, vívela y hazla viva

Cristo Jesús encomendó a los apóstoles y a la Iglesia la misión de predicar la Buena Nueva a todos los hombres. Asimismo, la misión del sacerdote es ir a todas partes a anunciar la Buena Nueva, hacer a todos los hombres discípulos de Cristo, enseñar a los hombres a conocer a Dios, a amarlo y a observar sus mandamientos para su felicidad aquí en la tierra y para la salvación eterna. Por eso el sacerdote está llamado a ser «pan partido para la vida del mundo». Debe dar testimonio durante toda su vida. Él es el testigo esencial del amor de Dios.

Así, el *Prosbyterorum Ordinis* del Concilio Vaticano afirma: «El don espiritual que los sacerdotes reciben en la ordenación los prepara [...] para una misión de alcance universal».[63] En efecto, todo sacerdote debe ser consciente, estar abierto y siempre dispuesto a ir allí donde la misión lo llame, sin dejarse influenciar por...

> opiniones que, en nombre de un respeto mal entendido por las culturas particulares, tienden a distorsionar la acción misionera de la Iglesia llamada a realizar un único ministerio universal de salvación que trascienda y debe vivificar las culturas. Por tanto, es imposible renunciar a la expansión universal, intrínseca al ministerio sacerdotal.[64]

Hoy observamos un proceso progresivo de descristianización y una pérdida de valores humanos esenciales. Es cierto que muchos hombres y muchas mujeres no encuentran en el Evangelio la respuesta a sus preguntas fundamentales, como la de cómo vivir. Aunque esto concierne a la mayoría, no podemos dudar de la ca-

---

[63] Vaticano II, *Presbyterorum Ordinis*, n.º 10.
[64] Cf. Congregación para el Clero, *Directorio para el ministerio y la vida de los presbíteros*, n.º 17.

pacidad del Evangelio de tocar el corazón de nuestros contemporáneos. Además, el sacerdote debe ser siempre consciente de que es el hombre de la palabra, y por eso está consagrado. En efecto, el corazón de la vocación sacerdotal es el anuncio de la palabra de Dios. Cabe señalar que si la cumbre del ministerio sacerdotal es la celebración eucarística, hay que decir que su primera función es el anuncio de la palabra que conduce a los sacramentos.[65]

Así como la fe dispone, se abre a la vida, así la palabra dispone, se abre a la eucaristía. El sacerdote no debe olvidar que un predicador solo cumple su función en la medida en que vive la verdad que anuncia. Esto exige que la predicación cristiana vaya acompañada del testimonio de vida, de acciones concretas. A propósito de la predicación de la palabra, el *Directorio para el ministerio y la vida de los presbíteros* nos presenta algunas exigencias impuestas al ministerio del sacerdote usando la analogía de las dos caras de una moneda. En primer lugar, el carácter misionero de la transmisión de la fe. El ministerio de la palabra no puede separarse ni distanciarse de la vida de los hombres; por el contrario, siempre se referirá al sentido del hombre, de todo hombre y, por tanto, entrará en los problemas más agudos que se presentan a la conciencia humana.

Por otra parte, existe una exigencia de autenticidad, de conformidad con la fe de la Iglesia, guardiana de la verdad sobre Dios y el hombre. Así, para que el ministerio de la palabra sea fructífero, el sacerdote dará primacía al testimonio de vida que revela constantemente la fuerza del amor de Dios y hace persuasiva su palabra. A esto se suma también la predicación explícita del misterio de Cristo...[66] Luego, para que sea auténtica, la palabra debe ser transmitida fielmente. Por esto el sacerdote, con madurez responsable, evitará reducir, distorsionar o diluir el contenido del mensaje divino.

---

[65] Cf. V. Biduaya Badiunde M., obra citada, p. 81.

[66] Cf. Congregación para el Clero, *Directorio para el ministerio y la vida de los presbíteros*, n.º 45.

En consecuencia, la predicación no puede reducirse a la comunicación de ideas personales, al testimonio de la propia experiencia, a explicaciones de carácter psicológico o incluso sociológico. Se trata de anunciar una palabra de la que no se puede disponer como se quiera, ya que ha sido confiada a la Iglesia para conservarla, meditarla y transmitirla fielmente. Además, la conciencia de la misión del sacerdote como predicador incansable del Evangelio debe realizarse siempre de forma más pastoral. El sacerdote hará todo lo posible para que la palabra sea eficaz y creíble. Además, el sacerdote no debe olvidar que la catequesis es una etapa importante de la misión evangelizadora.

III.4. Practicar la caridad pastoral como Cristo

Según el *Directorio para el ministerio y la vida de los presbíteros*, «la caridad pastoral constituye el principio interior y dinámico que unifica las múltiples y diversas actividades de la pastoral del sacerdote. En el contexto sociocultural y religioso en el que vive, es el instrumento imprescindible para acercar a los hombres a la vida de la Gracia».[67] Más aún, es la virtud que anima y guía la vida espiritual del sacerdote, configurado con Cristo cabeza y pastor. Es participación en la caridad pastoral de Cristo Jesús: don gratuito del Espíritu Santo y, al mismo tiempo, compromiso y llamada a una respuesta libre y responsable por parte del sacerdote. Lo que constituye el contenido de la caridad pastoral es la donación de uno mismo, la donación total de uno mismo a la Iglesia, a imagen del don de Cristo y en participación con él. La caridad pastoral es la virtud por la cual imitamos a Cristo en su entrega y servicio.[68]

---

[67] Congregación para el Clero, *Directorio para el ministerio y la vida de los presbíteros*, n.º 43.
[68] Cf. Juan Pablo II, *Pastores dabo vobis*, n.º 23.

Por tanto, el sacerdote hará de esta caridad pastoral la vida de su vida y una meta que exige de él continuos esfuerzos y sacrificios. Esta caridad no surge por casualidad, no conoce descanso ni puede realizarse de una vez por todas. El ministro de Cristo se sentirá siempre y en todas partes obligado a vivir y dar testimonio de esta realidad, aunque por la edad se vea relevado de responsabilidades pastorales concretas.

Sin embargo, se constata que hoy la caridad pastoral corre especialmente el riesgo de quedar vaciada de significado, por lo que se podría llamar funcionalismo. Con esto nos referimos a una cierta mentalidad que consiste en restringir el ministerio sacerdotal solo a aspectos funcionales. Y, sin embargo, prestar determinados servicios y garantizar ciertos beneficios sería la única razón de la existencia sacerdotal. Esta concepción reduccionista de la identidad y del ministerio sacerdotal corre el riesgo de llevar la vida de los sacerdotes a un vacío a menudo compensado por formas de vida que no se ajustan a su ministerio.

III.5. Redescubrir el misterio eucarístico

Si el servicio de la palabra es el elemento fundamental del ministerio del sacerdote, el corazón y centro vital lo constituye, sin duda, la eucaristía, que es ante todo presencia real del único sacrificio de Cristo. En la *Summa Theologiae*, el pastor angélico dice:

> El sacrificio que se ofrece diariamente en la Iglesia no es distinto del que ofreció el propio Cristo, sino que es una conmemoración del mismo. Por eso san Agustín, en *De Civitate Dei X*, 1, dice: «El que se ofrece es el propio Cristo *sacerdos ipse Christus offerens*, y también él mismo es la ofrenda *ipse et oblatio*.[69]

---

[69] Tomás de Aquino, *Summa Theologiae III* q.22 a.3 ad2.

De hecho, la eucaristía es principio, medio y fin del ministerio sacerdotal, y el sacrificio que el sacerdote ofrece cada vez hace real al Cristo; la eucaristía es principio y fin, ya que todos los ministerios eclesiales y las tareas apostólicas están estrechamente vinculados a la eucaristía y ordenados a ella. Consagrado para perpetuar el santo sacrificio, el sacerdote manifiesta así su identidad del modo más evidente. De hecho, existe una conexión íntima entre la centralidad de la eucaristía, la caridad pastoral y la unidad de vida del sacerdote. En este sentido encuentra las indicaciones decisivas para el camino de santidad al que está específicamente llamado.[70]

Sin embargo, es necesario recordar el valor insustituible que tiene para el sacerdote la celebración diaria de la misa, incluso sin la ayuda de los fieles. Lo vivirá como el momento central de su jornada y de su ministerio cotidiano, fruto de un deseo sincero y una oportunidad de encuentro profundo y eficaz con Cristo. Tendrá el mayor cuidado de celebrar con piedad y aplicará a ello su mente y su corazón.

En una cultura cada vez más sensible a la comunicación a través de signos e imágenes, el sacerdote prestará la atención adecuada a todo lo que pueda realizar la dignidad y el carácter sagrado de la celebración eucarística. Es importante en esta celebración cuidar especialmente la conformidad y limpieza del lugar, la arquitectura del altar y del sagrario, la nobleza de los vasos y ornamentos sagrados, del canto, de la música, del silencio sagrado. Todos estos elementos pueden contribuir a una mejor participación en el sacrificio eucarístico. El que celebra mal muestra la debilidad de su fe y no educa a los demás en la fe. Por otra parte, celebrar bien constituye una primera e importante catequesis sobre el santo sacrificio.[71]

---

[70] Cf. Congregación para el Clero, *Directorio para el ministerio y la vida de los presbíteros*, n.º 48.

[71] *Ibidem.*

El sacerdote es el hombre de la eucaristía, porque es a la vez su lugar de nacimiento y su documento de identidad. De hecho, Jesús hizo esta recomendación a sus discípulos en el cenáculo: «Haced esto en mi memoria» (Lc 22,19). Esta misma recomendación dirige un nuevo título al sacerdote, porque está configurado con Cristo en el acto mismo de su obligación. Por tanto, el sacerdote debe tener una conexión íntima con la eucaristía. Porque él es el ministro. Así como no podemos hablar de la eucaristía sin un sacerdote, así no podemos hablar del sacerdote sin la eucaristía. El sacrificio de la misa es el corazón y centro de la vida sacerdotal, la oración por excelencia y la fuente de su apostolado. El sacerdote y la misa tienen un vínculo muy estrecho. A través de la eucaristía continúa la obra de Cristo y lo hace presente.

Para cumplir adecuadamente esta misión, el sacerdote debe ser un hombre de fe. Esta fe se expresará a través de lo que hace e incluso en lo que es. Siempre será consciente de lo que representa: el puente a través del cual Dios quiere entregarse a los hombres y a través del cual ellos pueden tocar el corazón de Dios. Debe tener una relación especial con la masa.

III.6. Entendiendo el significado místico, pastoral teológico y misionero del celibato sacerdotal

Hay motivaciones **místicas, teológicas, pastorales y misioneras** profundas que sustentan la relación entre el celibato y el sacerdocio:

> El sacerdote es célibe y quiere serlo simplemente porque Jesús lo fue. La exigencia del celibato no es primariamente teológica, sino mística: «¡El que pueda entender que entienda!» (Mt

19, 12). Hoy se oyen muchas cosas sobre los sacerdotes, la figura sacerdotal es muy a menudo distorsionada en algunos ambientes, relativizada, a veces considerada como subordinada. No os asustéis demasiado: nadie tiene el poder de cambiar la naturaleza del sacerdocio y nadie la cambiara jamás, aunque las modalidades de su ejercicio deban necesariamente tener en cuenta las evoluciones de la sociedad actual y la situación de grave crisis vocacional que vivimos.[72]

Asimismo, la Iglesia iluminada por el testimonio que aún hoy confirma, a pesar de los casos dolorosos, la validez espiritual y evangélica de tantas vidas sacerdotales. La Iglesia reafirmó durante el Concilio Vaticano II y en el magisterio papal posterior su firme deseo de mantener la ley que exige el celibato perpetuo elegido libremente para los candidatos a la ordenación sacerdotal en rito latino.[73] El celibato, en efecto, es un don que la Iglesia ha recibido y que quiere velar, convencida de que es un bien para sí misma.

Sobre todo, hay que decir que el celibato sacerdotal es verdaderamente un don precioso de Cristo a su Iglesia, don que debe ser meditado y consolado siempre de nuevo, a la luz de circunstancias históricas que varían de una época a otra y, en este caso, en un mundo como el nuestro, fuertemente marcado por el proceso de secularización. En cualquier caso, la historia demuestra fuera de toda duda que la Iglesia ha elegido el celibato para sus clérigos. A nivel canónico o jurídico, la nueva codificación de la Iglesia latina de 1983 reitera la tradición de todos los tiempos.

---

[72] Papa Francisco, *Mensaje del Santo Padre Francisco firmado por el cardenal Paolini, para el encuentro de los seminaristas de Francia* (2 de diciembre de 2023).

[73] Cf. Congregación para el Clero, *Directorio para el ministerio y la vida de los presbíteros*, n.º 58.

Los clérigos están obligados a mantener una continencia perfecta y perpetua por causa del Reino de los cielos, y por tanto están obligados al celibato, un don particular de Dios por el cual los ministros sagrados pueden unirse más fácilmente a Cristo con un corazón indiviso y dedicarse más libremente al servicio de Dios y de los hombres.[74]

Varios documentos del magisterio abordan la cuestión del celibato. En *Pastores dabo vobis*, Juan Pablo II presenta el celibato como una exigencia del radicalismo evangélico, que favorece de manera particular el estilo de vida nupcial —aquí, en relación con la Iglesia— y que brota de la configuración del sacerdote con Jesucristo, a través del sacramento del orden.[75] Por su parte, el *Catecismo de la Iglesia católica* repite casi la misma enseñanza del Concilio Vaticano II en estos términos: «Todos los ministros ordenados de la Iglesia latina, con excepción de los diáconos permanentes, son normalmente elegidos entre hombres creyentes que viven como célibes y que tienen la voluntad de mantener el celibato con miras al Reino de los Cielos»[76].

Además, las razones del celibato sagrado son múltiples. En la encíclica *Sacerdotatis Caelibatus*, Pablo VI presentó por primera vez la situación en la que se encontraba entonces la cuestión del celibato sacerdotal, tanto desde el punto de vista de su reconocimiento como de las objeciones al mismo. Sus primeras palabras fueron decisivas: «El sagrado celibato, que la Iglesia ha conservado durante siglos como una joya espléndida, conserva todo su valor también en nuestra época caracterizada por una profunda transformación de mentalidades y estructuras». Pablo VI revela

---

[74]   Cf. *Codex Iuris Canonici*, Can. 277.1.

[75]   Juan Pablo II, *Pastores dabo vobis*, n.º 44.

[76]   *Catecismo de la Iglesia católica*, n.º 1579.

cuánto meditó él mismo, interrogándose sobre este tema, para poder responder a las objeciones, y concluye diciendo:

> Consideramos, por tanto, que la ley del celibato actualmente en vigor debe, también hoy y con firmeza, estar vinculado al ministerio eclesiástico; debe sostener al ministro de la Iglesia en su sentido exclusivo y definitivo del amor único y soberano de Cristo, de dedicación al culto de Dios y al servicio de la Iglesia, y debe calificar su estado de vida también en el comunidad de fieles que en la sociedad profana.[77]

De lo anterior, podemos resumir las razones del celibato sagrado, tal como las presenta Pablo VI en tres: su significado cristológico, su significado eclesiológico y, finalmente, su significado escatológico.

Así como el estado conyugal concierne al hombre en su totalidad, así el servicio del Señor exige también la donación total del hombre. Así, el celibato por el Reino de los Cielos es una vocación particular que Cristo lanzó a «los que entienden». El Evangelio según san Mateo habla claramente de esto distinguiendo tres categorías de eunucos: los que nacieron tales, los que los hombres hicieron tales y los que voluntariamente se hicieron tales por el Reino de Dios. A esta última categoría pertenecen todos los que entienden, es decir, los que están llamados a ella. De ahí que el celibato por el Reino se constituya como un estado de vida permanente para quienes son llamados a él.

Sin embargo, el celibato sacerdotal es hoy objeto de largos debates y críticas, especialmente en un mundo de cambios acelerados. Para algunos, el celibato sacerdotal es la base o la causa principal del abuso sexual. Para otros, el celibato no tiene nada que ver con la castidad. Lo cual no es cierto. Vivimos en un mundo

---

[77] Cf. Pablo VI, *Sacerdotalis Caelibatus*. Carta encíclica sobre el celibato sacerdotal, 1967, n.º 1.

en crisis. Un mundo así llama a los hombres a una mayor responsabilidad, a redescubrir los valores fundamentales, a buscar el sentido de la vida e incluso de la propia vida. La Iglesia está pasando por una situación difícil. El celibato de los sacerdotes es un problema entre muchos otros actualmente, pero constituye un gran desafío para la Iglesia.

En muchos países la Iglesia está atravesando una época de desierto, como los hebreos que salen de Egipto. El desierto es un lugar de sufrimiento, pero también, y sobre todo, de formación y purificación. En consecuencia, cualquier travesía del desierto devuelve a quienes lo cruzan a sus límites, a sus incapacidades, a sus deseos de volver. Es una escuela dura que enseña paciencia, perseverancia, confianza y, sobre todo, exige tomar una decisión y permanecer fiel a ella.

En cualquier caso, el celibato vivido en fidelidad al compromiso y en total ofrecimiento puede parecer inútil a los ojos de los hombres, pero contribuye a la fecundidad de la misión del sacerdote, en el orden de lo invisible. El mismo Cristo no pidió a sus apóstoles que fueran eficaces, sino fructíferos. Por eso, el sacerdote debe llevar siempre su cruz ante las críticas y amenazas del momento. Porque es en la cruz donde está la salvación. Además, hay que señalar que la tendencia actual es olvidar que el sacerdote es al mismo tiempo como los demás, compartiendo las dificultades, las alegrías, los dolores de todos, y que está apartado por su ordenación, que lo marcó en su ser profundo y lo convirtió en un *alter Christus*. Pero este último parece en nuestros tiempos olvidarse de su unión esponsal con Cristo, esposo de su alma y esposo de la Iglesia. Es mucho el interés con el que estoy leyendo y meditando desde el curso pasado el libro de Félix del Valle, y hablando de la cristología de la sexualidad, el autor afirma:

> El verbo hecho carne quiere unirnos con Él, hacernos uno con Él, compartiendo con nosotros su misma Vida. La unión

de las personas dos naturalezas —divina y humana— en la Encarnación se prolonga en la unión de las personas —divina y humana, Cristo y el cristiano— en la fe y en la caridad. El Verbo hecho Hombre nos ofrece la gracia de asumirnos en Sí por el amo, unirnos totalmente con Él.[78]

En cualquier caso, permitidme decir que no hay situación desesperada y todo contribuye al bien de quien busca a Dios y desea hacer su voluntad. Cuanto más incomprensible y difícil es la situación, más parece perdida, más necesario es avanzar en la fe, en la fidelidad a la palabra de Dios y al compromiso adquirido, ser coherentes con uno mismo, volver la mirada hacia Cristo y entrar en la contemplación de un misterio que sobrepasa al hombre. Además, se hace un llamamiento a todos los miembros de la Iglesia para que los sacerdotes en crisis no queden abandonados a la soledad. No debemos juzgarlos, pero debemos orar por ellos.

III.7. El sacramento de la penitencia en la vida del sacerdote

Cristo encomendó la obra de reconciliar al hombre con Dios exclusivamente a sus apóstoles y a quienes los sucederán en esta misma misión. Así, los sacerdotes por voluntad de Cristo son los únicos ministros del sacramento de la reconciliación. Como Cristo, son enviados para llamar a los pecadores a la conversión y llevarlos de regreso al Padre a través del tribunal de la misericordia. El sacramento de la reconciliación restablece la amistad con Dios Padre y con todos sus hijos en su familia que es la Iglesia.

---

[78] Félix del Valle, *Quise desposaros con un único esposo. La vida cristiana como relación esponsal con Jesucristo: virginidad, celibato y matrimonio. Teología y antropología,* Burgos, Monte Carmelo, 2022, p. 168.

Sin embargo, este sacramento sufre hoy la indiferencia tanto por parte de los fieles como de los propios sacerdotes. A pesar de la triste constatación de la pérdida del sentido del pecado, muy presente en la cultura de nuestro tiempo, el sacerdote debe ejercer con alegría y generosidad el ministerio de la formación de las conciencias, del perdón y de la paz.

Es, pues, necesario que el sacerdote sepa identificarse en cierto sentido con este sacramento y, asumiendo la actitud de Cristo, sepa apoyarse con misericordia, como el buen samaritano, en la humanidad cristiana desde la dimensión medicinal de la penitencia, que sirve para la curación y el perdón. Para ello, sabrá mantener la celebración de la reconciliación en el plano sacramental, superando el peligro de reducirla a una actividad puramente psicológica o simplemente formal.

De ahora en adelante, como todo buen fiel, el sacerdote también necesita confesar sus pecados y sus debilidades. Lo primero es saber que la práctica de este sacramento fortalece la fe y la caridad hacia Dios y hacia el prójimo. Para mostrar a los demás fieles la belleza de la penitencia, es esencial que el ministro del sacramento ofrezca un testimonio personal precediendo a los demás fieles en la experiencia del perdón. En este sentido, es bueno para los demás fieles saber y ver que sus sacerdotes también se confiesan regularmente.[79]

Junto al sacramento de la reconciliación, el sacerdote no dejará de ejercer el ministerio de dirección espiritual. Así, la actitud generosa y activa de los sacerdotes al practicarla constituye una oportunidad importante para reconocer y apoyar las vocaciones al sacerdocio y a las diferentes formas de vida consagrada. La práctica regular de la dirección espiritual permite la mejora de la espiritualidad.

Según Cibaka Cikongo:

---

[79] Cf. Congregación para el Clero, *Directorio para el ministerio y la vida de los presbíteros*, n.º 53.

Un sacerdote que desdeña la ayuda de sus hermanos rechaza la mano humana extendida por Dios, aquel que siempre utiliza a otros para ayudarnos a caminar hacia la cumbre del Calvario. El que se encierra llevará solo su cruz, sin nadie que le levante de sus caídas. No podemos ser sacerdotes, pretender creer en el sacerdocio, sin ver y acoger a Cristo que viene a nosotros en cada uno de sus sacerdotes.[80]

Por tanto, el acompañamiento espiritual es esencial en el camino sacerdotal. También el sacerdote que cree en el sacerdocio mira hacia el otro sacerdote con la mirada de fe que tiene hacia los demás sacramentos.

III.8. Necesidad de formación continua

La formación permanente es necesaria para todo sacerdote. La educación continua tiene muchos beneficios. Con gran interés afirma la exhortación apostólica postsinodal *Pastores dabo vobis*:

En cierto sentido, es cada sacerdote el primer responsable de su formación permanente en la Iglesia. Corresponde verdaderamente a cada sacerdote tener este deber, enraizado en el sacramento del orden, de ser fiel al don de Dios y al dinamismo de la conversión diaria que proviene del mismo don. Los reglamentos o normas de la autoridad eclesiástica sobre esta materia, así como el ejemplo de otros sacerdotes, no bastan para hacer atractiva la formación permanente, si cada uno no está personalmente convencido de la necesidad y no está decidido a promover las oportunidades, los

---

[80] A. Cibaka Cikongo, *Les tentations d'un prêtre africain. Méditation d'un jubilé*, Mbujimayi, Ditunga, 2020, p. 79.

tiempos y métodos de esta formación. La formación permanente mantiene la «juventud» del espíritu, que nadie puede imponer desde fuera, pero que cada uno debe extraer continuamente de sí mismo. Solo quien mantiene siempre vivas las ganas de aprender y crecer tiene esta «juventud».[81]

Además, la formación facilita el mantenimiento de los ideales de abnegación y servicio que aseguran la frescura de la vida sacerdotal.

Así, el sacerdote que se renueva a través del cuidado de su propia formación será flexible y podrá dedicarse a cualquier tarea que queramos encomendarle sin quejarnos. Tal flexibilidad proviene del hecho de que la formación permanente nos hace semejantes a Cristo, servidor de todos los hombres. Es imperativo que los sacerdotes comprendan que su formación no termina con los años del seminario. Al contrario, desde el día de su ordenación, el sacerdote debe sentir la necesidad de superarse constantemente para pertenecer cada vez más a Cristo Jesús. Estas son algunas áreas de educación continua:

- A nivel humano, el sacerdote preocupado por su formación debe prestar atención a toda virtud humana que pueda ganarle la estima de los hombres. El sacerdote debe practicar especialmente la bondad de corazón, la paciencia, la bondad, la fortaleza, el amor a la justicia, el sentido del equilibrio, la fidelidad a la palabra dada, la coherencia con los compromisos asumidos, etc.
- A nivel intelectual, el ejercicio adecuado del sacerdocio requiere una verdadera cultura teológica y filosófica. De hecho, una buena cultura teológica aporta ventajas invaluables; da una seguridad que el sacerdote necesita, tan alejada de la presunción del escriba, como la timidez o el comple-

---

[81]   Juan Pablo II, *Pastores dabo vobis*, n.º 79.

jo de inferioridad. Permite situarse pacíficamente entre los hombres y en la Iglesia, evitar actitudes partidistas e improvisaciones inquietas o apasionadas, incluso en materia de apostolado. Asegura referencias correctas respecto de la tradición y la vida eclesial.

- En cuanto al nivel espiritual, el *Directorio para el ministerio y la vida de los presbíteros* subraya que:

> Como prueba la larga experiencia espiritual de la Iglesia, los retiros y los ejercicios espirituales son un instrumento eficaz y apropiado para una adecuada formación permanente del clero. Aún hoy conservan toda su relevancia y toda su necesidad. A contracorriente de una actitud que vacía al hombre de toda interioridad, el sacerdote debe redescubrir a Dios y redescubrirse a sí mismo, practicando paradas espirituales para sumergirse en la meditación y la oración.[82]

- A nivel pastoral, ayer como hoy, sigue siendo esencial que el sacerdote esté capacitado para ayudar a los fieles en sus preocupaciones. Se abordarán constantemente las cuestiones que afectan la vida y la práctica pastoral de los sacerdotes.

En definitiva, podemos decir que la formación permanente en la vida sacerdotal es una necesidad para vivir el sacerdocio en un espíritu de juventud espiritual continuamente renovada. Para ello, debes fijarte objetivos y entrenar en consecuencia para estar siempre en el punto. Para el sacerdote, será cuestión de esforzarse en formarse para mantener alto su ideal vocacional buscando la santidad; mantener y desarrollar el espíritu de servicio vinculado

---

[82] Congregación para el Clero, *Directorio para el ministerio y la vida de los presbíteros*, n.º 103.

al sacerdocio; emprender una formación sistemática en los aspectos humanos, intelectuales, espirituales y pastorales.

III.9. Obediencia

La obediencia es un valor sacerdotal de primordial importancia. Leyendo las Sagradas Escrituras encontramos precisamente que el sacrificio mismo de Jesús en la cruz obtiene su valor y su significado redentor de su obediencia y de su fidelidad a la voluntad del Padre. Él fue «obediente hasta la muerte y muerte de cruz» (Fil 2:8). La Epístola a los Hebreos también enfatiza que Jesús «por lo que padeció aprendió la obediencia». La obediencia expresa para el sacerdote la voluntad de Dios, que le es manifestada a través de sus superiores legítimos. Por tanto, esta disponibilidad debe entenderse como un verdadero trabajo de libertad personal.

Según el *Directorio para el ministerio y la vida de los presbíteros*, la virtud de la obediencia, intrínsecamente requerida por el sacramento y por la estructura jerárquica de la Iglesia, es claramente el objeto de la promesa que el clérigo pronuncia, en primer lugar, en el rito de la ordenación diaconal, y luego en el de la ordenación presbiteral.[83] Entre las cualidades más esenciales para el ministerio de los presbíteros hay que mencionar la disponibilidad interior que les hace buscar no su propia voluntad, sino la voluntad de aquel que los envió (cf. Jn 4,34; 5,30; 6,38). Por eso, un sacerdote, y cada bautizado, hemos de tener la devoción a la Virgen María, la que obedeció con todo su corazón a la voluntad del Padre y, como dice san Luis María Grignon de Montfort:

---

[83] *Ibidem*, n.º 61.

La verdadera devoción a la Virgen María es **santa**, es decir, que conduce a un alma a evitar el pecado y a imitar las virtudes de la Santísima Virgen, en particular la humildad profunda, la fe viva, **la ciega obediencia**, la continua oración, su universal mortificación, la pureza incomparable, la caridad ardiente, la heroica paciencia, la dulzura angelical y la divina sabiduría. Tales son las diez principales virtudes de la santísima Virgen.[84]

Además, la obediencia tiene una dimensión jerárquica. El sacerdote tiene una obligación especial de respeto y obediencia hacia el Soberano Pontífice y su ordinario. En virtud de su pertenencia a un presbiterio específico, trabaja al servicio de una Iglesia particular que encuentra en el obispo el principio y fundamento de su unidad. La subordinación jerárquica que exige el sacramento del orden se realiza eclesiológica y estructuralmente en el vínculo con el obispo y el Soberano Pontífice, que ostenta la primacía del poder ordinario sobre todas las Iglesias particulares. Es importante saber que al obedecer a la autoridad constituida, el sacerdote promueve, entre otras cosas, la caridad mutua dentro del presbiterio y la unidad basada en la verdad. Y *Pastores dabo vobis* afirma:

La auténtica obediencia cristiana, correctamente motivada y vivida sin servilismo, ayuda al sacerdote a ejercer, con transparencia evangélica, la autoridad que tiene la misión de ejercer entre el pueblo de Dios: sin autoritarismos y sin procedimientos demagógicos... Solo quien sabe obedecer en Cristo sabe pedir obediencia a los demás en el espíritu del Evangelio.[85]

---

[84] San Luis María Grignon de Montfort, *Tratado de la verdadera devoción a la Santísima Virgen*, Barcelona, Cambel, 2006, n.º 108, 3, p. 75.

[85] Juan Pablo II, *Pastores dabo vobis*, n.º 28.

Además, la obediencia del sacerdote presenta también una exigencia comunitaria. No es la obediencia de un individuo aislado respecto de la autoridad, sino que, al contrario, esta obediencia está profundamente integrada en la unidad del presbiterio que, como tal, está llamado a vivir en cordial colaboración con el obispo y, a través de él, con el sucesor de Pedro. Este aspecto de la obediencia tiene un carácter ascético en el sentido de que, por un lado, el sacerdote se acostumbra a no apegarse demasiado a sus propias preferencias o a sus propios puntos de vista; por otro lado, deja suficiente espacio para que los colegas muestren sus talentos y habilidades, excluyendo todos los celos, la envidia y la rivalidad. En otras palabras, se trata de una obediencia unitaria, que se fundamenta en la pertenencia del sacerdote a un único presbiterio y que, siempre dentro de él y con él, expresa orientaciones y opciones corresponsables.

Finalmente, la obediencia sacerdotal tiene un carácter pastoral. Esto significa que el sacerdote vive en un clima de constante disponibilidad para dejarse apoderar, o para dejarse «comer», si debemos usar aquí la expresión querida por Antoine Chevrier. Sí, el sacerdote está consumido por las necesidades y exigencias del rebaño que deben ser razonables; a veces tendrán que ser objeto de discernimiento y estar sujetos a verificación, pero es innegable que la vida del sacerdote está totalmente llena de hambre de Evangelio, de fe, de esperanza y de amor a Dios y a sus hermanos, misterio que, más o menos conscientemente, está presente en el pueblo de Dios que le ha sido confiado.[86]

---

[86] *Ibidem.*

III.10. Devoción a la Virgen María con San Juan Pablo II

III.10.1. Breve presentación de San Juan Pablo II (Papa de la esperanza)

Karol Jozef Wojtyla nació el 18 de mayo de 1920 en Wadowice (Polonia) y fue ordenado sacerdote el 1 de noviembre de 1946. Fue nombrado obispo auxiliar en 1958 y arzobispo de Cracovia desde 1962. Llegó a ser el primer papa polaco de la historia, y el primer papa no italiano desde 1523. Su pontificado de casi veintisiete años es hasta ahora el más largo de la historia de la Iglesia católica, después del de san Pedro, y el de Pío IX (treinta y un años).

Entre los hechos más notorios de su pontificado, destacó el intento de asesinato que sufrió el 13 de mayo de 1981 mientras saludaba a los fieles en la plaza de San Pedro. El papa san Juan Pablo II fue visitó 129 países durante su pontificado; hablaba muchos idiomas, como italiano, francés, alemán, español, inglés, griego antiguo, latín y otros más, sin olvidar su idioma natal, el polaco. Como parte de su especial énfasis en la llamada universal a la santidad, beatificó a 1340 personas y canonizó a 483 santos, más que la cifra sumada de sus predecesores en los últimos cinco siglos.

El 19 de diciembre de 2009, Juan Pablo II fue proclamado venerable por su sucesor Benedicto XVI, quien posteriormente presidió la ceremonia de su beatificación el 1 de mayo de 2011, Domingo de la Divina Misericordia. Juan Pablo II fue canonizado junto con el papa Juan XXIII el 27 de abril de 2014 (otra vez el Domingo de la Divina Misericordia) por el santo padre el papa Francisco.

III.10.2. Meditación

No tengáis miedo..., abrid vuestras puertas a Cristo.

San Juan Pablo II

El papa Juan Pablo II siempre invitaba a la esperanza, esta invitación ha de ser recordada, porque nuestro mundo necesita no solo la fe, sino también esperanza y la caridad, como dice muchas veces el papa Francisco. Como dice el *Catecismo de la Iglesia católica,*

> La esperanza es la virtud teologal por la que aspiramos al Reino de los Cielos y a la vida eterna como felicidad nuestra, poniendo nuestra confianza en las promesas de Cristo y apoyándonos no en nuestras fuerzas, sino en los auxilios de la gracia del Espíritu Santo. «Mantengamos firme la confesión de la esperanza, pues es el autor de la promesa» (Hb 10, 23). «El Espíritu Santo que él derramó sobre nosotros con largueza por medio de Jesucristo nuestro Salvador para que, justificados por su gracia, fuésemos constituidos herederos, en esperanza de vida eterna» (Tt 3, 6-7).[87]

A mí me parece difícil, por ejemplo, comprender cómo las personas que quizá no tienen suficientemente para comer o para beber, las personas gobernadas por los algunos egoístas, que no se preocupan de los derechos de los demás, si esas personas víctimas no tuvieran fe, no tuvieran esperanza, muchos ya habrían ya perdido el gusto de la vida; pero porque hay fe y, sobre todo, esperanza, siguen viviendo y confiando en el Señor que nunca abandona. Y también me parece difícil de comprender cómo las personas que tienen **mucho** (no todo) faltan a veces al gusto de la vida, ¡el corazón para agradecer a Dios! Esto muestra que hay algo

---

[87] *Catecismo de la Iglesia católica*, n.º 1818.

que falta, la esperanza. Por eso, **el que tiene a Cristo lo tiene todo, porque el que tiene a Cristo tiene la esperanza**.

Juan Pablo II fue canonizado junto con el papa Juan XXIII el 27 de abril de 2014 (otra vez el Domingo de la Divina Misericordia) por el santo padre el papa Francisco.

San Juan Pablo II tenía muchísima devoción a la Santísima Virgen María, por eso no dudó, en una visita a Fátima, en afirmar que fue la Virgen María la que le había salvado la vida en el intento de su asesinato a la plaza de San Pedro. Por eso, invito al lector de leer y de meditar con estas palabras de su carta encíclica *Redemptoris Mater*, sabiendo que san Juan Pablo II es un papa que siempre invitaba a la fe, a la esperanza y a la verdadera devoción a la Virgen María. La Virgen nos ayuda y nos puede ayudar muchísimo más a vivir el sacerdocio del bautismo o el sacerdocio ministerial.

*****

De la carta encíclica Redemptoris Mater de San Juan Pablo II

21. Bajo este punto de vista, es particularmente significativo el texto del Evangelio de Juan, que nos presenta a María en las bodas de Caná. María aparece allí como Madre de Jesús al comienzo de su vida pública: «Se celebraba una boda en Caná de Galilea y estaba allí la Madre de Jesús. Fue invitado también a la boda Jesús con sus discípulos» (Jn 2, 1-2). Según el texto, resultaría que Jesús y sus discípulos fueron invitados junto con María, dada su presencia en aquella fiesta: el Hijo parece que fue invitado en razón de la Madre. Es conocida la continuación de los acontecimientos concatenados con aquella invitación, aquel «comienzo de las señales» hechas por Jesús —el agua converti-

da en vino—, que hace decir al evangelista que Jesús «manifestó su gloria, y creyeron en él sus discípulos» (Jn 2, 11). María está presente en Caná de Galilea como Madre de Jesús, y de modo significativo contribuye a aquel «comienzo de las señales», que revelan el poder mesiánico de su Hijo. He aquí, como faltaba vino, le dice a Jesús su Madre: «No tienen vino». Jesús le responde: «¿Jesús le yo contigo, mujer? Todavía no ha llegado mi hora» (Jn 2, 3-4). En el Evangelio de Juan, aquella «hora» significa el momento determinado por el Padre en el que el Hijo realiza su obra y debe ser glorificado (cf. Jn 7, 30; 8, 20; 12, 23-27; 13, 1; 17, 1; 19, 27). Aunque la respuesta de Jesús a su madre parezca como un rechazo (sobre todo si se mira, más que a la pregunta, a aquella decidida afirmación: «Todavía no ha llegado mi hora»), a pesar de esto, María se dirige a los criados y les dice: «Haced lo que él os diga» (Jn 2, 5). Entonces Jesús ordena a los criados llenar de agua las tinajas, y el agua se convierte en vino, mejor del que se había servido antes a los invitados al banquete nupcial.

¿anquete nupcial.nces Jesús ordena a los criados llenar de agua las tinajas, y el agua se convierte en vino, mejor del que se había servido antes a los invitados al ederosque en aquel hecho se delinea ya con bastante claridad la nueva dimensión, el nuevo sentido de la maternidad de María. Tiene un significado que no está contenido exclusivamente en las palabras de Jesús y en los diferentes episodios citados por los Sinópticos (Lc 11, 27-28; 8, 19-21; Mt 12, 46-50; Mc 3, 31-35). En estos textos, Jesús intenta contraponer sobre todo la maternidad, resultante del hecho mismo del nacimiento, a lo que esta «maternidad» (al igual que la «fraternidad») debe ser en la dimensión del Reino de Dios, en el campo salvífico de la paternidad de Dios. En el texto joánico, por el contrario, se delinea en la descripción del hecho de Caná lo que concretamente se manifiesta como nueva maternidad según el espíritu, y no únicamente según la carne, o sea, la solicitud de María por los hombres, el ir a su encuentro en toda la gama de sus necesidades. En Caná de Galilea se muestra solo un aspecto concreto de la indigencia humana, aparentemente pequeño y de poca importancia («No tienen vino»). Pero esto tiene un valor simbólico. El ir al encuentro de las necesidades del hombre significa, al mismo tiempo, su introducción en el radio de acción de la misión mesiánica y del poder salvífico de Cristo. Por consiguiente, se da una mediación: María se pone entre su Hijo y los hombres en la realidad de sus privaciones, indigencias y sufrimientos. Se pone «en medio», o sea, hace de mediadora no como una persona extraña, sino en su papel de madre, consciente de que como tal puede lico. El irtiene el derecho de»iene el derecho desciente de que como tal pueds hombres. Su mediación, por lo tanto, tiene un carácter de intercesión: María «intercede» por los hombres. No solo como Madre, desea también que se manifieste el poder mesiánico del Hijo, es decir, su poder salvífico encaminado a socorrer la desventura humana, a liberar al hombre del mal que bajo diversas formas y medidas pesa sobre su vida. Precisamente como había predicho del Mesías el profeta Isaías en el conocido texto, al que Jesús se ha referido ante sus conciudadanos de Nazaret, «para anunciar a los pobres la Buena Nueva, para proclamar la liberación a los cautivos y la vista a los ciegos...» (cf. Lc 4, 18).

Otro elemento esencial de esta función materna de María se encuentra en las palabras dirigidas a los criados: «Haced lo que él os diga». La madre de Cristo se presenta ante los hombres como portavoz de la voluntad del Hijo, indicadora de aquellas exigencias que deben cumplirse para que pueda manifestarse el poder salvífico del Mesías. En Caná, merced a la intercesión de María y a la obediencia de los criados, Jesús da comienzo a «su hora». En Caná, María aparece como la que cree en Jesús; su fe provoca la primera «señal» y contribuye a suscitar la fe de los discípulos.

22. Podemos decir, por tanto, que en esta página del Evangelio de Juan encontramos como un primer indicio de la verdad sobre la solicitud materna de María. Esta verdad ha encontrado su expresión en el magisterio del último Concilio. Es importante señalar cómo la función materna de María es ilustrada en su relación con la mediación de Cristo. En efecto, leemos lo siguiente:

> La misión maternal de María hacia los hombres de ninguna manera oscurece ni disminuye esta única mediación de Cristo, sino más bien muestra su eficacia», porque «hay un solo mediador entre Dios y los hombres, Cristo Jesús, hombre también» (1 Tm 2, 5). Esta función materna brota, según el beneplácito de Dios, «de la superabundancia de los méritos de Cristo..., de ella depende totalmente y de la misma saca toda su virtud».

Y precisamente en este sentido el hecho de Caná de Galilea, nos ofrece como una predicción de la mediación de María, orientada plenamente hacia Cristo y encaminada a la revelación de su poder salvífico. Por el texto joánico parece que se trata de una mediación maternal. Como proclama el Concilio:

> María «es nuestra Madre en el orden de la gracia». Esta maternidad en el orden de la gracia ha surgido de su misma maternidad divina, porque siendo, por disposición de la divina providencia, madre-nodriza del divino Redentor se ha convertido de «forma singular en la generosa colaboradora entre todas las creaturas y la humilde esclava del Señor» y que «cooperó ... por la obediencia, la fe, la esperanza y la encendida caridad, en la restauración de la vida sobrenatural de las almas». «Y esta maternidad de María perdura sin cesar en la economía de la gracia [...] hasta la consumación de todos los elegidos».

23. Si el pasaje del Evangelio de Juan sobre el hecho de Caná presenta la maternidad solícita de María al comienzo de la actividad mesiánica de Cristo, otro pasaje del mismo Evangelio confirma esta maternidad de María en la economía salvífica de la gracia en su momento culminante, es decir, cuando se realiza el sacrificio de la cruz de Cristo, su misterio pascual. La descripción de Juan es concisa:

> Junto a la cruz de Jesús estaban su Madre y la hermana de su madre. María, mujer de Cleofás, y María Magdalena. Jesús, viendo a su madre y junto a ella al discípulo a quien amaba, dice a su madre: «Mujer, ahí tienes a tu hijo». Luego dice al discípulo: «Ahí tienes a tu madre». Y desde aquella hora el discípulo la acogió en su casa (Jn 19, 25-27).

Sin lugar a dudas, se percibe en este hecho una expresión de la particular atención del Hijo por la Madre, que dejaba con tan grande dolor. Sin embargo, sobre el significado de esta atención el «testamento de la cruz» de Cristo dice aún más. Jesús ponía en evidencia un nuevo vínculo entre Madre e Hijo, del que confirma solemnemente toda la verdad y realidad. Se puede decir que, si la maternidad de María respecto de los hombres ya había sido delineada precedentemente, ahora es precisada y establecida claramente; ella emerge de la definitiva maduración del misterio pascual del Redentor. La madre de Cristo, encontrándose en el campo directo de este misterio.

Por consiguiente, esta «nueva maternidad de María», engendrada por la fe, es fruto del «nuevo» amor, que maduró en ella definitivamente junto a la cruz, por medio de su participación en el amor redentor del Hijo.

Conclusión parcial

En este tercer capítulo, dedicado al fortalecimiento de la identidad sacerdotal, nuestro esfuerzo ha consistido en aportar algunos elementos que pueden ayudar a los sacerdotes a superar la crisis. Es, entre otras cosas, permanecer con Cristo en oración. En efecto, ante las debilidades, los límites y los defectos que experimentamos y vemos, no debemos dejarnos llevar por la tristeza y la amargura. Porque el movimiento del Espíritu Santo es purificador, y no destructivo. El sacerdote debe ser un hombre de Dios, un hombre de oración. El sacerdote debe ser santo porque el Dios al que sirve es un Dios santo. La predicación de la palabra debe ser siempre el primer deber vinculado a su misión. La vida espiritual del sacerdote debe estar siempre animada y guiada por la caridad pastoral.

Más aún, el sacerdote debe saber que es el hombre de la eucaristía. Y que este es, a la vez, su lugar de nacimiento y su documento de identidad. Es necesario también comprender la urgencia pastoral y misionera del celibato consagrado. El sacerdote comprenderá más que otros la importancia del sacramento de la penitencia en su vida cotidiana. La formación permanente seguirá siendo para él un constante desafío ascético contra el descuido o el aburguesamiento espiritual, contra la mundanalidad espiritual, contra el fatalismo; pero sobre todo es un esfuerzo positivo por cultivar la excelencia. Un buen sacerdote se caracteriza también por su libre obediencia a su obispo y a su pastor.

Capítulo IV
Testimonios pertinentes y meditaciones de vida de algunos santos

IV.0. Introducción

Si en los tres capítulos precedentes hemos analizado el ministerio sacerdotal de los presbíteros, apoyándome tanto sobre la Sagrada Escritura, la santa tradición y, sobre todo, el magisterio de la Iglesia, en el capítulo cuarto vamos más a meditar que a analizar, porque se trata aquí de la vida de los grandes santos en cuya época, a pesar de las dificultades, la gracia del Señor había abundado y actuado en ellos y sobre ellos. Y porque se había confiado al Señor con todo su corazón y el demonio, el mundo o la carne no fueron obstáculos para unirse a Cristo sacerdote y salvador. Los santos son muchos con testimonios preciosos y pertinentes, pero yo he hecho una selección de los que, a mi pobre conocimiento, pueden inspirarnos con la historia de sus enseñanzas y, sobre todo, de su vida. Es el ejemplo de san Juan María Vianney, muy conocido como el Cura de Ars, con el testimonio de su vida. **Santo Tomás de Aquino,** quien insiste sobre la gracia sacramental específica del misterio del orden y en quien se ve la «eucaristía como el centro de la espiritualidad sacerdotal».[88] **San Pío X**, con su celo apostólico y pastoral y la aceptación de la voluntad de Dios sin ninguna pretensión de ser siempre párroco de la ciudad. **Santa Teresita del Niño Jesús,** «la gran santa de los tiempos modernos», con el camino de la infancia espiritual: presentarnos ante Dios con una actitud de niño, amar a Dios con confianza total y absoluta. La santificación en la vida ordinaria con **san José María Escribá.** También **san Francisco Javier**, el ejemplo de una vida entregada totalmente al servicio del amor a los que ignoran a Cristo sin su propia culpa; gran ejemplo para ser un buen y santo misionero la iglesia es misionera («Id al mundo entero y haced discípulos...», Mt 19, 28), una vida totalmente unida a Cristo y a su santa voluntad. En quinto lugar vamos a leer y meditar la vida del **padre Pío,** o san Pío **de la Pietrelcina** y su vivir unido a la pasión del Señor, a Cristo sufriente.

---

[88]   Cfr. Ignacio de la Cal, *Conferencia sobre la doctrina de Santo Tomás y el sacerdote*, Toledo, Instituto de Estudios Teológicos San Ildefonso, 28 de enero 2023.

IV.1. Santo Cura de Ars. Testimonio de vida: cura de las almas

A) Vida

El conocido santo Cura de Ars, san Juan Bautista María Vianney, nació el 8 de mayo del año 1786 en Dardilly, noroeste de Lyon (Francia). Aunque de inteligencia media, sus maestros no dudaron como tal de su vocación. En su formación, le fue excesivamente difícil el estudio del latín. Sus biógrafos cuentan que uno de sus compañeros, monseñor Matthias Loras, que llegó a ser el primer obispo de Dubuque, le ayudaba en sus horas libres con un poco de lecciones de latín, pero el santo fue expulsado del seminario mayor por sus fuerzas mínimas en los estudios y el latín. Sin embargo, dicen sus biógrafos, María Vianney fue llamado a filas en 1809, y el 26 de octubre, el joven recluta ingresó en el cuartel de Lyon para ser enviado al ejército que quiso conquistar todo Oriente: el de Napoleón Bonaparte, que en este momento invadía España, vía Roanne. Ingresó finalmente en el Seminario Menor de Verriéres a los veintiséis años para cursar Filosofía en francés, aunque su debilidad en los estudios seguía siendo extrema. Fue ordenado sacerdote el 13 de agosto de 1815 y mandado directamente como ayudante de monseñor Balley, quien había intercedido por él ante los examinadores para que no fuera expulsado otra vez del seminario por no ser considerado idóneo para el estudio del latín. A la muerte de Balley, que le había animado, cuidado y protegido en su vocación y en sus primeros años como sacerdote, el padre Juan María Vianney fue enviado a Ars, el último pueblecito de su diócesis, donde ejerció su ministerio sacerdotal como vicario y luego como párroco cuando se dio cuenta de que había solo dos maneras de convertir a sus ovejas: por medio de **la exhortación y haciendo él penitencia por los feligreses.** Muchos peregrinos, tanto de Francia como del mundo entero, venían a verlo y, en 1855, el número de peregrinos había alcanzado más veinte mil al año. Falleció el 4 de agosto de 1786 y fue beatificado el 08 de enero de 1905. El Papa Pío X lo propuso como Modelo para el clero parroquial. En 1925 el Papa Pío XI lo canonizó.. En 1929 se le proclamó santo patrón de todos los sacerdotes católicos, y en especial a los que ostentan el cargo de curas.

B) Testimonio de vida. Cura de las almas

El papa san Juan Pablo II dijo tres veces que «el Cura de Ars permanece para todos los países un modelo grandísimo en el cumplimiento del ministerio y de la santidad del ministro». En este gran santo vemos la disponibilidad a servir el Señor, a pesar de las dificultades y de los límites, y aquí me refiero a los días de su formación, a cómo lo pasó mal con los estudios. Pero lo más grande que tengo que subrayar es su deseo de **convertir almas;** es por eso por lo que le he propuesto en primer lugar como modelo al que seguir en esta época de crisis. Los cristianos y ustedes, los sacerdotes, hemos de hacer escuchar la **exhortación** de nuestros curas y estos últimos han de llorar por los pecados de sus fieles y, al ejemplo de este muy gran santo, **hacer penitencia** para la conversión de las almas. Los sacerdotes «no tienen que ser como funcionarios», como había dicho el santo padre, el papa Francisco, en un encuentro cuya fecha ya no recuerdo bien. Estamos al servicio de los hombres y nuestro buen testimonio no justifica la eficacia de lo que hacemos, pero es importante para agradecer al Señor e unirnos más íntimamente a Él, que dio testimonio de fidelidad al Padre y de la verdad hasta a la cruz.

Cristo es el camino y la verdad y la vida, los sacerdotes han de imitarlo, conformarse con él en su conducta, no para su gloria y su honra, sino para la gloria de Dios, como lo dice el apóstol san Pablo: «Omnia Gloriam Dei». En este mundo que necesita conversión, san Juan María Vianney es un buen ejemplo que seguir y para pedir que Cristo el Señor dé a ustedes los sacerdotes la capacidad de santificarse y de convertir a los fieles y a atraer a todos por sus testimonios de vida. Cristo hoy, Cristo ayer, Cristo siempre será el Señor. Que, ante el ejemplo de este gran santo, ustedes los sacerdotes sean verdaderos curas de almas, contando y buscando siempre con **la gracia divina** santificarse y para la santificación y conversión del pueblo de Dios.

C) Meditación

(De una catequesis de san Juan María Vianney, presbítero, sobre la oración)

Hermosa obligación del hombre

Consideradlo, hijos míos: el tesoro del hombre cristiano no está en la tierra, sino en el cielo. Por esto, nuestro pensamiento debe estar siempre orientado hacia allí donde esta nuestro tesoro.

El hombre tiene hermoso deber y obligación: orar y amar. Si oráis y amáis, habréis hallado la felicidad en este mundo.

La oración no es otra cosa que la unión con Dios. Todo aquel que tiene el corazón puro y unido a Dios experimenta en sí mismo con una suavidad y dulzura que lo embriaga, se siente como rodeado de una luz admirable. En esta íntima unión, Dios y el alma son como dos trozos de cera fundidos en un solo, que ya nadie puede separar. Es algo muy hermoso esta unión de Dios con su pobre criatura; es una felicidad que supera nuestra comprensión.

Nosotros nos habíamos hecho indignos de orar, pero Dios, por su bondad, nos ha permitido hablar con él.

Nuestra oración es el incienso que más le agrada.

Hijos míos, vuestro corazón es pequeño, pero la oración lo dilata y lo hace capaz de amar a Dios. La oración es degustación anticipada del cielo, hace que una parte del paraíso baje hasta nosotros. Nunca nos deja sin dulzura; es como una miel que se derrama sobre el alma y lo endulza todo. En la oración hecha debidamente, se funden las penas como las nieves ante el sol.

Otro beneficio de la oración es que hace que el tiempo transcurra tan aprisa y con tanto deleite, que ni se percibe su duración. Mirad: cuando era párroco en Bresse, en cierta ocasión en que casi todos mis colegas habían caído enfermos, tuve que hacer largas caminatas, durante las cuales oraba al buen Dios, y creedme que el tiempo se me hacía corto.

Hay personas que sumergen totalmente en la oración, como los peces en el agua, porque están totalmente entregadas al Buen Dios. Su corazón está dividido. ¡Cuánto amo a estas almas generosas! San Francisco de Asís y santa Coleta veían a nuestro Señor y hablaban con él, del mismo modo que hablamos entre nosotros.

Nosotros, por el contrario, ¡cuántas veces venimos a la Iglesia sin saber lo que hemos de hacer o pedir! Y, sin embargo, cuando vamos a casa de cualquier persona, sabemos muy bien para qué vamos. Hay algunos que incluso parece como si le dijeran al Buen Dios: «Solo dos palabras para deshacerme de ti...». Muchas veces pienso que, cuando venimos a adorar al Señor, obtendríamos todo lo que pedimos si se lo pidiéramos con una fe muy viva y un corazón muy puro.

IV.2. Santo Tomás de Aquino. Unión sacramental del sacerdote con Cristo

A) Vida

Nació de una noble familia, en 1224, en Roccasecca. Fue enviado por sus padres a la cercana Abadía de Montecassino para su educación inicial. Algunos años más tarde se trasladó a la Universalidad de Nápoles, donde se enseñaba el pensamiento del filósofo griego Aristóteles y donde nació su vocación a la vida dominica, a la que se resistió su familia. En 1245, ya mayor de edad, pudo cumplir su deseo y entró en la Orden de Predicadores. Fue enviado a París (Francis) para estudiar Teología bajo la dirección de san Alberto Magno, con quien entabló una profunda amistad. En esta época profundizo en el pensamiento de Aristóteles, cuyas obras comentó, distinguiendo en ello lo que era válido de lo que era dudoso o de lo que se debía rechazar completamente, mostrando la consonancia con los datos de la revelación cristiana y utilizando amplia y agudamente el pensamiento aristotélico.

Santo Tomás de Aquino escribió muchas obras llenas de erudición teológica y ejerció el profesorado. Entre estas obras destaca la *Suma Teológica*. Fraile dominico y ángel no menos por la sublimidad de su inteligencia que por la pureza, limpieza y santidad de su alma. Murió cerca de Terracina el día 7 de marzo de 1274. Vivió cuarenta años.

Muchos santos padres —san Pío V, san Pío X, san Juan Pablo II...— le han propuesto como modelo a seguir en el pensamiento teológico y filosófico, porque su doctrina filosófica y, sobre todo, teológica tienen un valor objetivo. En su encíclica *Fides et ratio*, san Juan Pablo II dice: «La Iglesia ha propuesto siempre a Tomás de Aquino como maestro de pensamiento y modelo del modo correcto de hacer teología» (FR).

B) Palabra, eucaristía y penitencia

No pretendo decir muchas cosas sobre el pastor angélico, pero hablo muy brevemente de lo que veo pertinente en nuestra crisis, para vivir bien el sacerdocio del bautismo y, sobre todo, el sacerdocio ministerial mirando la vida del Santo Tomás de Aquino.

- La **palabra**. Decía el papa san Juan Pablo II:

El sacerdote es, ante todo, ministro de la palabra de Dios; es el ungido y enviado para anunciar a todos el Evangelio del Reino, llamando a cada hombre a la obediencia de la fe y conduciendo a los creyentes a un conocimiento y comunión cada vez más profundas del misterio de Dios, revelado y comunicado a nosotros en Cristo.[89]

Santo Tomás se había animado a predicar y a buscar la verdad, como se ve muy bien en sus escritos, y la verdad no es otra cosa que Cristo. Nuestro mundo actual necesita también la verdad, los cristianos, y en especial los sacerdotes, debemos amar la palabra de Dios, no solo leerla, sino también amarla, meditarla y vivirla, así vamos a dar con nuestra vida testimonios del Evangelio. Como Santo Tomás, el Señor ha puesto en nuestros caminos a maestros que nos pueden ayudar a comprender bien esta palabra, no tenemos que callarnos en el mundo donde, como decía Benedicto XVI, el mal hace mucho ruido; también tenemos que dar testimonio de lo que amamos, creemos. Un cristiano tiene que amar la verdad y rechazar lo dudoso, muchas cosas en el mundo actual son falsas, hay también cosas buenas y verdaderas. Tenemos que desear conocer a la verdad, y la verdad por excelencia es Cristo, es su palabra que tenemos que conocer e vivir para así alcanzar la visión beatifica de Dios.

- La **eucaristía**: el centro de la doctrina sacerdotal de Tomás de Aquino es la eucaristía y, como lo hemos dicho más arriba, en la crisis que viven hoy los sacerdotes, es preciso unirse totalmente a la acción eucarística, comprender la gracia del Señor presente en el sacerdote cuando actúa *in persona Christi* y *ex persona Christi*, porque cuando uno comprende esto y se une a la eucaristía, toda su vida va a ser

---

[89] Juan Pablo II, *Pastores dabo vobis*, n.º 26b.

Cristo en Cristo y por Cristo; no es un problema si un sacerdote está en medio del pueblo, en medio del mundo, pero tiene que estar allí como una luz y sal para dar con su testimonio de vida la fe, la esperanza además, o brevemente, para dar a Cristo a los demás; pero uno no da lo que no tiene, por eso el sacerdote necesita ante todo prepararse espiritualmente, antes de entrar en la vida ordinaria que aquí comprendo como la vida pastoral, y no hay mejor preparación que la de vivir el sacrificio de la misa, donde Cristo, Él mismo, se ofrece. En la *Suma Teológica*, el pastor angélico dice:

> Nada tuvo inconveniente la vuelta de Cristo a la vida normal, después del ayuno y de la estancia en el desierto. Esto es oportuno para la vida de quien comunica a los demás lo que ha contemplado; vida que decimos haber asumido Cristo para que primero se entregue a la contemplación y pase luego a los lugares públicos conviviendo con los otros.[90]

Por eso yo diría que la santa eucaristía es para el sacerdote lo que el agua es para el hombre y para una planta, al tomar esa agua, el hombre recoge fuerzas para vivir y sobrevivir y la planta sin agua se va a secar; además, en cuanto a la eucaristía, es mucho más, ya que si vivimos íntimamente unida a ella, vamos así a vivir eternamente en la gloria del Señor junto con los santos y ángeles del Altísimo. «Manteniéndonos dentro del ámbito sacramental, Santo Tomas de Aquino aplica, en una mayoría de casos, la expresión que nos ocupa a una acción sacramental específica: la eucaristía. Solo en la cuestión 82 de la III parte de la *Suma Teológica*, donde el angélico repite algunas palabras del gran San Agustín de Hipona; Santa Tomas de Aquino dedica esa tercera parte al ministro de la eucaristía, se

---

[90] Tomás de Aquino, *Summa Theologiae* q. 40 a.2 ad.3.

utiliza en este sentido siete veces, lo que da cuenta del uso frecuente de la expresión en este ámbito. Es en este caso cuando adquiere toda su fuerza: «El sacerdote, que es el ministro que consagra este sacramento». Esta actuación, *in persona Christi* en la eucaristía supone no solo la actuación del instrumental ministro con la *virtus* de Cristo, sino que el que realiza el sacramento es el mismo Cristo.[91] Consideramos que la expresión *ex persona Christi* constituye la formulación de lo que Santo Tomás de Aquino explica acerca de la diferencia de la acción del sacerdote al consagrar la eucaristía respecto a cualquier otra acción del sacerdote. Además, en dicha formulación vendría expresado lo más específico del sacerdote. Así, podemos decir que la estrecha relación entre Cristo y el sacerdote solo se da entre ellos y también se manifiesta de un modo particular en la actuación del sacerdote *ex persona Christi*, sin olvidar que el carácter sacramental permite al ministro sagrado actuar en sentido análogo, al realizar cualquier acción perteneciente a la santificación, la enseñanza y el gobierno del pueblo fiel, aunque esta actuación puede darse fuera del sacramento del orden en algunos ámbitos, por ejemplo, cuando un no cristiano, un herético o un cismático bautiza, lo hace *in persona Christi*. Para **distinguir** entre *ex persona Christi* e *in persona Christi* en la obra del pastor angélico, no hay cuestión meramente lingüística, ni desde el punto de vista místico, menos aún especulativo. En efecto, desde el primer punto de vista, el místico, si no se tiene en cuenta, se pierde la parte principal de la espiritualidad sacerdotal de Tomás de Aquino. Esto lo he leído y analizado también en **eclesiología** al hablar de la existencia de una jerarquía basada en el sacramento del orden, frente a los que reducían todo a lo meramente espiritual (quietismo). Desde el punto de vista espe-

---

[91]   Cfr. Santo Tomás de Aquino, citado por I. de la Sal Aragón, conferencia *La doctrina sacerdotal de Santo Tomás de Aquino*. ISET, p. 5.

culativo, puede llevar a una concepción y comprensión errónea o, al menos, incompleta de la doctrina del angélico del sacramento del orden.[92] Yo digo siempre que si Lutero hubiera leído y comprendido la doctrina de Tomás de Aquino, no podría haber cometido y escrito tantas herejías.

- **Penitencia**: en Santo Tomás, el sacerdote tiene una profunda e inseparable unión no solo con la eucaristía, sino también con la penitencia, porque el sacerdote debe permanecer en estado de gracia cuando dice el santo sacrificio de la misa. Como he subrayado antes, Tomás de Aquino habla de la unión sacramental del sacerdote, si antes he hablado de la palabra de Dios, y luego de la eucaristía, que es el centro de la espiritualidad sacerdotal en la doctrina de Santo Tomás de Aquino, ahora permitidme hablar de la penitencia, otra acción muy importante subrayada por el pastor angélico en su doctrina de la espiritualidad sacerdotal. En una época dónde el sacerdocio ministerial traviesa una crisis y es minimizado hasta el punto de que algunos piensan que hay alguna autoridad de la Iglesia o alguna reina o emperador que instituyó el sacerdocio para hacer de él lo que os da la gana y darle a quien por ignorancia, maldad y todas las crisis morales de nuestra época lo desea; no, el sacerdocio ministerial es de Cristo, es un misterio de Cristo y el sacrificio que hizo el Señor, sin la presencia de su Santísima Madre y Madre mía no es una institución humana y que puede ir a la moda. Cuán triste me pongo y me pongo a rezar cuando entiendo que algunas conferencias episcopales proponen la posibilidad de bendecir a uniones diabólicas, satánicas - sodomitas o también tratar sobre la «ordenación» de las mujeres. ¡Que el Señor nos

---

[92] *Ibidem*, pp. 6-7.

proteja! Dice el santo padre, el papa Francisco en su encíclica *Fratelli Tutti*:

> El perdón no implica al olvido. Cuando hay algo que no puede, en ninguna manera, ser negado, relativizado, o disimulado es, sin embargo, posible de perdonar... Cuando hay algo que, por ninguna razón, no podemos permitirnos olvidar, podemos, sin embargo, perdonar. El perdón libre y sincero es una gran grandeza que refleja la inmensidad del perdón divino.[93]

Quisiera decir y mostrar, con Santo Tomás de Aquino, que solo el sacerdote puede administrar el sacramento de la penitencia, del mismo modo que solo el sacerdote puede celebrar el santo sacrificio de la misa. El pastor angélico usa el término *debitum,* aparentemente sinónimo al de «ofensa». Si emplea «ofensa» para las obras de misericordia: «remittendo offensam».[94] Partiendo del artículo 2 de la cuestión 32 de la IIa-IIae, he tenido que respetar la lógica de Santo Tomás de Aquino, que define el perdón de los pecados como «limosna espiritual»,[95] la limosna aquí como efecto de la misericordia. El sacerdote es también llamado a hacer penitencia él mismo y para y con los demás, porque si el mundo busca el amor, «nadie tiene más amor que el que da la vida para sus hermanos», y así lo hizo Cristo en la cruz. El sacerdote debe permanecer en estado de gracia para actuar y su ministerio sacerdotal es él mismo una gracia, el sacerdote debe confesarse y confesarse a los demás. Esto es una de las cosas cosa que yo admiro cuando me voy en a parroquia aquí en Occidente, es posible encontrar siempre a un sacerdote confesando y al otro diciendo el santo sacrificio de la misa.

---

[93]   Papa Francisco, encíclica *Fratelli Tutti*, n.º 250.
[94]   Tomás de Aquino, *Summa Theologiae*, II2-IIae, q. 32, a.2, c.
[95]   *Ibidem.*

C) Meditación

(De las *Obras* de Santo Tomás de Aquino. Opúsculo 57 en la Fiesta del Chorpus Christi, lect.1-4).

1. El Hijo único de Dios, queriendo hacernos partícipes de su divinidad, tomó nuestra naturaleza, a fin de que, hecho hombre, divinizase a los hombres.

2. Además, entregó por nuestra salvación todo cuanto tomó de nosotros. Porque, por nuestra reconciliación, ofreció, sobre el altar de la cruz, su cuerpo como víctima a Dios, su Padre, y derramó su sangre como precio de nuestra libertad y como baño sagrado que nos lava, para que fuésemos liberados de una miserable esclavitud y purificados de todos nuestros pecados.

3. Pero, a fin de que guardásemos por siempre jamás en nosotros la memoria de tan beneficio, dejó a los fieles bajo la apariencia de pan y vino, su cuerpo para que fuese nuestro alimento, y su sangre para que fuese nuestra bebida.

4. ¡Oh, banquete precioso y admirable, banquete saludable y lleno de toda suavidad! ¿Qué puede haber, en efecto, más precioso que este banquete en el cual no se nos ofrece, para comer, la carne de becerros o machos cabríos, como se hacía antiguamente, bajo la ley, sino el mismo Cristo, verdadero Dios?

5. No hay ningún sacramento más saludable que este, pues por él se borran los pecados, se aumentan las virtudes y se nutre el alma con la abundancia de todos los dones espirituales.

6. Se ofrece en la Iglesia, por los vivos y por los muertos difuntos, para a todos aproveche, ya que ha ido establecido para la salvación de todos. Finalmente, nadie es capaz de expresar la suavidad de este sacramento, en el cual gustamos la suavidad

espiritual en su misma fuente y celebramos la memoria del inmenso y sublime amor que Cristo mostró en su pasión.

7. Por eso, para que la inmensidad de este amor se imprimiera más profundamente en el corazón de los fieles, en la última cena, cuando, después de celebrar la Pascua con sus discípulos, iba a pasar de este mundo al Padre, Cristo instituyo este sacramento como memorial perenne de su pasión, como el cumplimiento de las figuras y la más maravillosa de sus obras; y lo dejó a los suyos como singular consuelo en las tristezas de su ausencia.

IV.3. San Pío X: humilde, catequista y muy unido al sacrificio de la misa

A) Vida

A cada santo hay que comprenderlo en su época y ver sus cualidades, virtudes que hoy me pueden ayudar. Voy a hablar del gran san Pío X, no solamente porque es el santo que había conocido y uno de los santos por los que tengo una gran devoción, desde mi ingreso el 9 de septiembre 2013 en el Seminario Menor San Pío X, sino también, y sobre todo, porque sus virtudes, su espíritu de promover el catecismo en todos los fieles y principalmente su conciencia del sacrificio real de la misa pueden ayudar al cristiano y al sacerdote de nuestra época a decir bien la santa misa, ya que, como dice el *Catecismo de la Iglesia católica*:

> La eucaristía es «fuente y cima de toda la vida cristiana» (LG 11). Los demás sacramentos, como también todos los ministros eclesiales y las obras de apostolado, están unidos a la eucaristía y a ella se ordenan. La sagrada eucaristía, en efecto, contiene todo todo el bien espiritual de la Iglesia, es decir, Cristo mismo, nuestra Pascua.[96]

Aquí no hay ninguna cuestión de ritos, los ritos son los que nuestra madre, la santa Iglesia ha establecido y ha vivido siempre; pero sea el rito romano establecido por el gran Concilio Vaticano II o el rito romano, dicho tridentino —por estar establecido en el Santo Concilio de Trento—, los sacerdotes y todo el pueblo fiel de Dios estamos llamados a participar y a vivir profundamente el sacrificio de la misa. Todo esto prueba por qué hablo de este gran santo, cuyo catecismo nos puede ayudar a comprender para

---

[96] *Catecismo de la Iglesia católica*, n.º 1324.

amar y vivir el santo sacrificio, el único que se hace en la Tierra, de Oriente a Occidente, de norte a sur.

En efecto, el entonces futuro sacerdote, futuro obispo y sucesor de san Pedro, Pío X, nació en julio 1835 en la localidad de Riese. Realizó sus estudios primarios en la escuela de Riese, recibiendo las primeras lecciones de latín del párroco de esta.

En 1846 comenzó la segunda enseñanza en el Liceo Classico de Castel Franco Veneto. En septiembre de 1850 fue tonsurado por el obispo de Treviso, que le facilitó ingresar en el Seminario de Padua. En diciembre de 1851 recibió las órdenes menores y en septiembre de 1857 recibió el subdiaconado. En febrero de 1858 obtiene el diaconado y en septiembre del mismo año fue ordenado sacerdote.

El futuro papa Pío X fue párroco de Tómbolo, Treviso, hasta 1867, cuando fue nombrado arcipreste de Salzano y canónigo de la catedral de Treviso.

En 1875 fue nombrado rector del Seminario. En 1879 lo nombraron director espiritual del mismo y también canciller de la curia episcopal trevisana.

En noviembre de 1884, el papa León XIII lo nombró obispo de Mantua antes de ser consagrado cardenal presbítero del título de San Bernardo en las Termas; promovido tres días después al patriarcado de Venecia, el cardenal Sarto fue elegido papa el 4 de agosto de 1903.

Desde el comienzo de su pontificado, san Pío X trabajó para que la sociedad volviera a inspirarse en los principios cristianos y promovió la restauración de todas las cosas en Cristo. Este fue el lema de su pontificado: «Instaurare Omnia in Christo».

Promovió una mejor formación de los sacerdotes y, en particular, del clero joven. Como clara aplicación del programa enunciado, san Pío X hizo ya en su primera encíclica un diagnóstico severo de la ignorancia religiosa, que afectaba por igual a niños y adultos, personas de cultura modesta e intelectuales. En tal ignorancia se encontraba la causa del mal que padecía la religión.

Al insistir en la necesidad de reforzar la enseñanza de la doctrina, san Pío X aclaró que no había que conformarse con la predicación, pues había que emplear también la catequesis, que es una tarea más sistemática y honda que abarca todas las verdades de la fe y toda la vida del hombre. San Pío X indicó los días y las horas que había que consagrar a la catequesis, pidió la colaboración de los seglares, promovió las escuelas especiales de religión.

Con la encíclica *Acerbo nimis,* de 1905, emanó normas para la **instrucción catequística** de niños, jóvenes y adultos, ordenó la publicación de un catecismo único para la diócesis de Italia y promovió la celebración de los congresos catequísticos.

Por esta razón, **san Pío X ha sido definido como el papa catequista**. Siendo papa, promulgó el catecismo universal, concebido desde una perspectiva eclesiológica vertical y romano-céntrica.

Además de recordar la importancia de seguir la doctrina de Santo Tomás, orientó el estudio de la Sagrada Escritura precisando el cometido de la Pontificia Comisión Bíblica, fijando el plan de estudios que habían de tener los seminarios en las materias bíblicas, promovió los seminarios regionales en la Italia central y meridional, dando normas uniformes adecuadas a los tiempos para el estudio y la disciplina de los aspirantes al sacerdocio. También favoreció la comunión de los enfermos, permitiendo que pudieran recibirla varias veces durante su enfermedad.

Desde el comienzo de su pontificado afrontó la tarea de introducir vastas reformas que afectaran al culto y a la liturgia, con el «motu proprio» del 22 de noviembre de 1903 sobre la música sagrada.

B) sacerdote humilde. Catequista y muy unido santo sacrificio de la misa

- **Párroco de pueblo**: una cosa que me llama la atención en el ministerio sacerdotal de Pío X es el hecho que lo ejerció primeramente en los pueblos y sus biógrafos cuentan que era un sacerdote pastoralmente fuerte con personalidad y humilde. Subrayo esto porque hoy día hay buenos seminaristas aspirando al sacerdocio, pero cuando llegan a ordenarse ya tienen pretensión o preferencia de ser vicarios o curas de una parroquia de la ciudad, y cuando el obispo los manda donde no se esperaban, o rechazan directamente o indirectamente el nombramiento o relativizan el plan pastoral y espiritual. Mirando a la vida de este gran santo que combatió el modernismo de su época, podemos también imitar su humildad para aceptar la voluntad del Señor sobre nosotros y así vamos a hacer como un Samuel de nuestra época: «No digas que eres un niño, donde yo te mando irás...» (Cfr. 1Sam, 5).

- **Catequista**: los sacerdotes son los primeros catequistas que pueden explicar las nociones básicas de la fe que profesamos en la Santa Madre Iglesia y también los sacramentos, ya que en nuestros tiempos, como en el tiempo de Pío X, hay conocimiento de lo es menos necesario y hay ignorancia de lo que es necesario. Muchos cristianos no saben las nociones básicas de la fe que profesamos, solo algunos abuelos y algunas abuelas, que todavía tienen muchas nociones de fe. Yo me pregunto para los cristianos cómo algunos no saben hacer ni siquiera el santo rosario: ¿relativismo o ignorancia culpable ante Dios?

- **Santo sacrificio de la misa**: la misa es un sacrificio y san Pío X hizo todo para hacer comprender a sus fieles que la misa es un sacrificio, porque en su tiempo había algunos nietos de Lutero que lo negaban; y en nuestro tiempo, hay también personas que quizá no lo dudan de viva voz, pero su manera de **celebrar y participar en el sacrificio de la misa** muestra que no creen que la misa sea un sacrificio. Yo recuerdo que cuando era muy pequeño, con menos de diez años, veía a mi padre arrodillarse y a los sacerdotes sí que los veía decir la misa con gran devoción; el ejemplo de mi padre y del sacerdote me ayudó en mi pequeñez y niñez a comprender verdaderamente que la misa es un sacrificio. Recuerdo muy bien que los sacerdotes que daban la misa en el rito romano del Concilio Vaticano II lo hacían con todo el corazón, y supongo que en aquel momento casi todos eran conscientes de que este es el verdadero y santo sacrificio de Jesucristo, quizá menos, de las personas que recuerdo, veía al Choro bailando y hablando y esto me dolía mucho. Sería donatista si digo que la validez de los sacramentos depende del ministro, pero quiero solo subrayar, con san Pío X, la importancia, la necesidad de decir y participar en la misa como un verdadero sacrificio, y no como periódico que pasan en la tele para dar cuenta de lo que ha entendido o de lo que le han dicho, aunque no se da cuenta de que es verdad, es como esto o es más que esto. Qué sensación tengo cuando participo en la misa dicha en el rito romano de antes del año 1963, tengo la sensación de ir directamente al cielo para alabar a Dios cara a cara, me siento totalmente unido a la Santísima Trinidad y a todos los santos, y especialmente a la *Theotokos*. Esta sensación la tengo cada vez que participo en la santa misa dicha en el rito romano, sobre todo cuando he tenido que confesar antes del santo sacrificio. Los documentos del Concilio Vaticano II, como el *Sacrasanctum concilium*, el *Catecismo de la Iglesia católica*, el *Catecismo de* *san Pío X,* la charlas con los sacerdotes —en especial, con mis directores espirituales—, deseo que sigan ayudándome a comprender para vivir más bien el santo sacrificio de la misa instituido definitivamente por Cristo, sumo sacerdote, que sigue actuando en en sus apóstoles y renovando diariamente en ellos, ministros ordenados que son, como lo decía el santo Concilio de Trento, «constituidos entonces sacerdotes de la Nueva Alianza».[97]

C) Meditación
(Del santo sacrificio de la misa)

1. De la esencia, institución y fines del santo sacrificio de la *misa*

   652.- ¿Es la eucaristía solamente sacramento? La eucaristía, además de sacramento, es también el sacrificio perenne de la nueva ley dejado por Jesucristo a su Iglesia para ser ofrecido a Dios por mano de los sacerdotes.

   653.- ¿En qué consiste en general el sacrificio? El sacrificio en general consiste en ofrecer una cosa sensible a Dios y destruirla de alguna manera en reconocimiento de su supremo dominio sobre nosotros y sobre todas las cosas.

   654.- ¿Cómo se llama este sacrificio de la nueva ley? Este sacrificio de la nueva ley se llama la santa misa.

   655.- ¿Qué es, pues, la santa misa? La santa misa es el sacrificio del cuerpo y la sangre de Jesucristo, que se ofrece sobre nuestros altares bajo las especies de pan y de vino en memoria del sacrificio de la cruz.

   656.- ¿Es el sacrificio de la misa el mismo de la cruz? El sacrificio de la misa es sustancialmente el mismo que el de la cruz, en cuanto el mismo Jesucristo que se ofreció en la cruz es el que se ofrece por manos de los sacerdotes, sus minis-

---

[97] Concilio de Trento, DS 1740.

tros, sobre nuestros altares, mas, en cuanto al modo como se ofrece, el sacrificio de la misa difiere del sacrificio de la cruz, si bien guarda con este la más íntima relación.

657.- *¿Qué diferencia y relación hay, por consiguiente*, entre el sacrificio de la misa y el de la cruz? Entre el sacrificio de la misa y el de la cruz hay esta diferencia y relación: que en la cruz, Jesucristo se ofreció derramando su sangre y pereciendo por nosotros, mientras en nuestros altares se sacrifica Él mismo sin derramamiento de sangre y nos aplica los frutos de su pasión y muerte.

658.- ¿Qué otra relación guarda el sacrificio de la misa con el de la cruz? La otra relación que guarda el sacrificio de la misa con el de la cruz es que el sacrificio de la misa representa de un modo sensible el derramamiento de la sangre de Jesucristo en la cruz; porque, en virtud de las palabras de la consagración, se hace presente bajo la especie del pan solo el cuerpo, y bajo la especie del vino solo la sangre de nuestro redentor; si bien, por natural concomitancia y por la unión hipostática, está presente bajo cada una de las especies Jesucristo vivo y verdadero.

659.- ¿Es el sacrificio de la cruz el único sacrificio de la nueva ley? El sacrificio de la cruz es el único sacrificio de la nueva ley, en cuanto por él aplacó el Señor la divina justicia, adquirió todos los merecimientos necesarios para salvarnos, y así consumó de su parte nuestra redención. Mas estos merecimientos nos los aplica por los medios instituidos por Él en la Iglesia, entre los cuales está el santo sacrificio de la misa.

660.- *¿Para qué fines se ofrece, pues, la* santa misa? El sacrificio de la santa misa se ofrece a Dios para cuatro fines: 1.º Para honrarle como conviene, y por esto se llama latréutico; 2.º, para agradecerle sus beneficios, y por esto se llama eucarístico; 3.º, para aplacarle, para darle alguna satisfacción de nuestros pecados y para ofrecerle sufragios por las almas del purgatorio, por lo cual se llama propiciatorio; 4.º, para alcanzar todas las gracias que nos son necesarias, y por esto se llama impetratorio.

661.- *¿Quién es el que ofrece a Dios el sacrificio de la santa* misa? El primero y principal oferente de la santa misa es Jesucristo, y el sacerdote es el ministro que en nombre de Jesucristo ofrece el mismo sacrificio al eterno Padre.

662.- *¿Quién instituyó el sacrificio de la santa* misa? El sacrificio de la santa misa lo instituyó el mismo Jesucristo cuando instituyó el sacramento de la eucaristía y dijo que se hiciese en memoria de su pasión.

663.- *¿A quién se ofrece la santa* misa? La santa misa se ofrece a solo Dios.

664.- Si la santa misa se ofrece solo a Dios, ¿por qué se celebran tantas misas en honor de la Santísima Virgen y de los santos? La misa que se celebra en honor de la Santísima Virgen y de los santos es siempre un sacrificio ofrecido solo a Dios; se dice, empero, que se celebra en honor de la Santísima Virgen y de los santos a fin de que Dios sea alabado en ellos por las mercedes que les hizo y nos dé más copiosamente por su intercesión las gracias que nos convienen.

665.- ¿Quién participa de los frutos de la misa? Toda la Iglesia participa de los frutos de la misa, pero en particular: 1.º El sacerdote y los que asisten a la misa, los cuales se consideran unidos al sacerdote; 2.º Aquellos por quienes se aplica la misa, así vivos como difuntos.

2. *De la manera de asistir a la santa misa*

666.- ¿Qué cosas son necesarias para oír bien y con fruto la santa misa? Para oír bien y con fruto la santa misa son necesarias dos cosas: 1.ª, modestia en el exterior de la persona; 2.ª, devoción del corazón.

667.- *¿En qué consiste la modestia de la persona?* La modestia de la persona consiste de un modo especial en ir modestamente vestido, en guardar silencio y recogimiento y en estar cuanto sea posible arrodillado, excepto el tiempo de los Evangelios, que se oyen en pie.

668.- *¿Cuál es la mejor manera de practicar la devoción del corazón mientras se oye la santa misa?* La mejor manera de practicar la devoción del corazón mientras se oye la santa misa es la siguiente:

1. Unir desde el principio nuestra intención con la del sacerdote, ofreciendo a Dios el santo sacrificio por los fines para que fue instituido.
2. Acompañar al sacerdote en todas las oraciones y acciones del sacrificio.
3. Meditar la pasión y muerte de Jesucristo y aborrecer de corazón los pecados que fueron causa de ella.
4. Hacer la comunión sacramental o, al menos, la espiritual, al tiempo que comulga el sacerdote.

669.- ¿Qué es comunión espiritual? Comunión espiritual es un gran deseo de unirse sacramentalmente a Jesucristo, diciendo, por ejemplo: «Señor mío Jesucristo, deseo con todo mi corazón unirme a vos ahora y por toda la eternidad», y haciendo los mismos actos que preceden y siguen a la comunión sacramental.

670.- *¿Estorba oír la misa con fruto el rezo del rosario y de otras preces durante la misma?* El rezo de esas preces no estorba oír con fruto la misa, con tal de que se procure buenamente seguir las ceremonias del santo sacrificio.

671.- ¿Es loable rogar también por otros mientras se asiste a la santa misa? Es loable rogar también por otros mientras se asiste a la santa misa; antes bien, el tiempo de la santa misa es el más oportuno para rogar a Dios por los vivos y por los difuntos.

672.- *¿Qué se debe hacer acabada la* misa? Acabada la misa, debemos dar gracias a Dios por habernos concedido asistir a tan gran sacrificio y pedir perdón por las faltas que hubiésemos cometido al oírla.

IV.4. Santa Teresita de Lisieux. Amar a Dios camino de la infancia espiritual. Amar a dios con confianza absoluta

A) Vida

«La gran santa de los tiempos modernos» (Pío XI) nació el 2 de enero de 1873 en Alençon (Francia). A los cuatro años y medio, su madre falleció de cáncer. La niña alegre y vivaz se vuelve tímida y excesivamente sensible. Toda la familia se traslada a Lisieux. En 1882, por casualidad, su hermana Pauline, que ella había elegido como su segunda madre, entró en el Carmelo. Teresita cae gravemente enferma. Ante el desamparo de los médicos, su familia y las carmelitas rezan a Nuestra Señora de las Victorias y al final de una novena, el 13 de mayo de 1883, desde su lecho de enferma, la gran santa de nuestros tiempos vio la estatua de la Virgen que le sonreía. Tan pronto como fue curada, se puso bajo la protección materna de la Santísima Virgen María.

Siempre hipersensible, a punto de cumplir catorce años, Teresita del Niño Jesús llora por nada. **La noche de Navidad de 1886,** al regresar de misa, rompió a llorar ante la falta de entusiasmo de su padre por el ritual de entrega de regalos. Teresa de Lisieux sube a su habitación, pero rápidamente se seca las lágrimas y baja riendo. Recibió una fuerza que nunca la abandonará. En memoria de esta gracia, la joven desea ingresar al Carmelo la próxima Navidad. Pero las carmelitas le pidieron que esperara hasta Pascua para evitar los rigores de la Pascua.

El 9 de abril de 1888, Teresa entró en el Carmelo a la edad de quince años. El 8 de septiembre de 1890, día de su profesión religiosa, tomó su nombre: Thérèse de l'Enfant Jésus et de la Sainte Face, que se traduce en español como Teresita del Niño Jesús y de la Santa Faz. Diez años después de la gracia de la Navidad, durante las celebraciones pascuales, la joven carmelita entró en su pasión. La tuberculosis y las tinieblas de la fe la asaltan. Siente las dudas y la incredulidad de los ateos.

El 30 de septiembre de 1894, Teresa de Lisieux murió muy santamente, a la edad de veinticuatro años, en la enfermería del Carmelo, donde la seguía la estatua de la Virgen de la Sonrisa. Mirando su crucifijo, pronuncia estas últimas palabras: «¡Oh, yo te amo! ¡Dios mío, te amo!».

El 29 de abril de 1923, fue beatificada por el papa Pío XI y dos años más tarde fue canonizada por el mismo pontífice, en concreto, el 17 de mayo de 1925. Fue proclamada doctora de la Iglesia por Juan Pablo II el 19 de octubre 1997.

B) Camino de la infancia espiritual. Amar a Dios con confianza

¿Quiénes son tus cinco santos muy favoritos? Así me había preguntado una mujer francesa, en una Iglesia de Holanda. Y mi respuesta fue: «Todos los santos, pero me es casi imposible pasar conscientemente un día sin pedir la intercesión de la Virgen María Madre de Dios, de san José y de mi ángel de la guarda. Y su reacción fue esta: «La Virgen María, todo cristiano pide cada día su intercesión». Y yo añado, de otros santos, que mis favoritos y a los que pido sin cesar la intercesión son san Juan María Vianney y san Pío X, san Antonio de Padua, santo padre Pío de Pietrecina, Tomás de Aquino y santa Isabel de Hungría y, sobre todo, santa Teresita del Niño Jesús, ya que todos y en todos los santos que yo conozco y he leído, he encontrado la espiritualidad teresiana: amor, unión y confianza absoluta al Señor y con la Santísima Trinidad y la Iglesia; vivencia y fidelidad de los sacramentos. Por esto, creo que en nuestros tiempos, es difícil de ser santo, sin ser de la espiritualidad teresiana, si hay que queda, lo encontraré con y en padre Pío de Pietrecina...

En efecto, **el camino de la infancia espiritual** consiste en atrevernos a creer en nuestra sed del amor infinito sin desanimarnos ante nuestra falta, nuestra incapacidad o falta de potencia; hacer confianza a los deseos santos y sanos más profundos de nuestras almas, es decir a Dios que es la fuente. Podemos descubrir en la vida de la gran santa que acabo de contar: una vida totalmente entregada por y en Cristo, como un niño con su padre, como una fiel esposa con su esposo, una vida de confianza, amor e unión total a la pasión de Jesucristo. Por eso, cada bautizado participando de hecho al sacerdocio de Cristo y sobre cada sacerdote de Cristo puede imitar esta espiritualidad teresiana que se sintetiza en la infancia espiritual que, como escribía Santa Teresita, consiste en:

Reconocer la propia nada, esperarlo todo del buen Dios, como un niño lo espera todo de su padre, es preocuparse por nada. Ser pequeño todavía no es atribuirse las virtudes que se practican, creyéndose capaz de algo, sino reconocer nuestra pequeñez ante Dios, porque el buen Dios pone este tesoro de virtud en la mano de su pequeño hijo para que pueda utilizarlo. Cuando lo necesite; pero es siempre el tesoro del buen Dios. Finalmente, no te desanimes.

Así pues, el camino de la infancia espiritual es un camino, una manera de vivir nuestra comunión con Dios.

Entonces, le preguntaron niños pequeños, para que les impusiera las manos en oración; pero los discípulos los reprendieron. Entonces Jesús dijo: «Dejad a los niños y no les impidáis venir a mí; porque de los tales es el Reino de los cielos». Luego les impuso las manos y siguió su camino (Mt. 19, 13).

C) Meditación

(De la narración de la vida de santa Teresa del Niño Jesús Virgen, doctora de Iglesia; escrita por ella misma)

En el corazón de la Iglesia, yo seré el amor

Teniendo un deseo inmenso del martirio, acudí a las Cartas de San Pablo para tratar de hallar una respuesta. Mis ojos dieron casualmente con los capítulos doce y trece de la primera Carta a los Corintios, y en el primero de ellos leí que no todos pueden ser al mismo tiempo apóstoles, profetas y doctores, que la Iglesia consta de diversos miembros y que el ojo no puede ser al mismo tiempo mano. Una respuesta bien clara, ciertamente, pero no suficiente para satisfacer mis deseos y darme la paz.

Continué leyendo sin desanimarme, y encontré esta consoladora exhortación: «Ambicionad los carismas mejores». Y aun os voy a mostrar un camino excepcional. El apóstol, en efecto, hace notar cómo los mayores dones sin la caridad no son nada y cómo esta misma cariad es el mejor camino para llegar a Dios de un modo seguro. Por fin había hallado la tranquilidad.

Al contemplar el cuerpo místico de la Iglesia, no me había reconocido a mí misma en ninguno de los miembros que san Pablo enumera, sino que lo que yo deseaba era más bien verme en todos ellos. En la caridad descubrí el quicio de mi vocación. Entendí que la Iglesia tiene un cuerpo resultante de la unión de varios miembros, pero que en este cuerpo no falta el más necesario y noble de ellos; entendí que la Iglesia tiene un corazón y que este corazón está ardiendo en amor. Entendí que, sin el amor, ni los apóstoles anunciarían ya el Evangelio ni los mártires derramarían su sangre. Reconocí claramente y me convencí de que el amor encierra en sí todas las vocaciones, que el amor lo es todo, que abarca todos los tiempos y lugares, en una palabra, que el amor es eterno.

Entonces, llena de una alegría desbordante, exclamé: «¡Oh, Jesús, amor mío, por fin he encontrado mi vocación: mi vocación es el amor! Sí, he hallado mi propio lugar en la Iglesia, y este lugar es el que Tú me has señalado, Dios mío. En el corazón de la Iglesia, que es mi madre, **yo seré el amor;** de este modo lo seré todo, y mi deseo se verá colmado».

San Josemaría Escrivá de Balaguer
(1902-1975)
Junio 26

Reliquiœ Sanctorum Omnium

IV.5. San José María Escribá: santificación en la vida ordinaria

A) Vida

José María Escribá de Balaguer nació en enero de 1902 en Barbastro (España). -En las navidades de 1922 recibió los grados de lector, junto con los de exorcista y acólito. En 1923, siguiendo el consejo de su padre, comienza los estudios de Derecho en la Universidad de Zaragoza.

Recibió la ordenación sacerdotal el 28 de marzo de 1925 y empezó a ejercer el ministerio en varias parroquias rurales y luego en Zaragoza, con preferencia en la iglesia de San Pedro Nolasco, regida entonces por sacerdotes jesuitas. Su obra mayor es la fundación de Opus Dei en 1928, pero aquí tratamos sobre sus enseñanzas, y no sobre esta fundación.

José María Escribá falleció el 26 de junio de 1975. Beatificado por el papa san Juan Pablo II en mayo de 1992, fue canonizado por el mismo pontífice el 6 de octubre de 2002 en Ciudad del Vaticano.

B) Santificación en la vida ordinaria. Familias cristianas

San José María Escriba es un santo de hoy y sus enseñanzas valen mucho la pena en nuestros días, algunos piensan que la santificación es algo propio de monjes de clausura, sacerdotes, obispos y papas, y que para santificarse hay que ir a un monasterio o a un desierto, o quizá tener estigmas como tuvieron algunos santos, pero Jesús nos llama donde estamos y nos invita a ponerle en el centro de todas nuestras obras buenas que hacemos. Cuando hablo de obras, veo exclusivamente las obras buenas, porque uno no se puede santificar con las obras malas, que son del demonio y de las tinieblas; si estas en las obras malas y quieres santificarte, deja primero esas obras malas, como hizo el apóstol san Mateo, que antes se llamaba Levi y fue un mal recaudador de impuestos. Y como sacerdote, lo primero es entregar todas nuestras obras en el Señor y para mayor gloria suya. Vemos también en la vida de este santo **la caridad pastoral**: un pastor que ama a sus ovejas y que quiere que se santifiquen incluso en las pequeñas obras diarias.

La familia cristiana tiene que ser promovida, viviendo el verdadero amor de los matrimonios, vivirlo mirando a Cristo; y agradeciendo a Dios por ese gran don, ese gran sacramento del matrimonio, sin el cual no habrá futuros sacerdotes, sin el cual no hay futuro para la Iglesia; es por eso por lo que los sacerdotes deben promover los matrimonios cristianos para que vivan las virtudes que la Iglesia les recomienda, y que destruyen el miedo y el egoísmo para casarse, y si se puede, tener **hijos, que son los frutos visibles de un matrimonio cristiano,** los regalos del Señor.

C) Meditación

El matrimonio, vocación cristiana (homilía pronunciada en Navidad de 1970)

22. Estamos en Navidad. Los diversos hechos y circunstancias que rodearon el nacimiento del Hijo de Dios acuden a nuestro recuerdo, y la mirada se detiene en la gruta de Belén, en el hogar de Nazaret. María, José, Jesús Niño, ocupan de un modo muy especial el centro de nuestro corazón. ¿Qué nos dice, qué nos enseña la vida a la vez sencilla y admirable de esa Sagrada Familia?

Entre las muchas consideraciones que podríamos hacer, una sobre todo quiero comentar ahora. El nacimiento de Jesús significa, como refiere la Escritura, la inauguración de la plenitud de los tiempos (Gal IV, 4), el momento escogido por Dios para manifestar por entero su amor a los hombres, entregándonos a su propio hijo. Esa voluntad divina se cumple en medio de las circunstancias más normales y ordinarias: una mujer que da a luz, una familia, una casa. La omnipotencia divina, el esplendor de Dios, pasan a través de lo humano, se unen a lo humano. Desde entonces, los cristianos sabemos que, con la gracia del Señor, podemos y debemos santificar todas las realidades limpias de nuestra vida. No hay situación terrena, por pequeña y corriente que parezca, que no pueda ser ocasión de un encuentro con Cristo y etapa de nuestro caminar hacia el Reino de los Cielos. No es por eso extraño que la Iglesia se alegre, que se recree contemplando la morada modesta de Jesús, María y José. Es grato —se reza en el himno de maitines de esta fiesta— recordar la pequeña casa de Nazaret y la existencia sencilla que allí se lleva, celebrar con cantos la ingenuidad humilde que rodea a Jesús, su vida escondida. Allí fue donde, siendo niño, aprendió el oficio de José; allí donde creció en edad y donde compartió el trabajo de artesano. Junto a *Él* se sentaba su dulce Madre; junto a José vivía su esposa amadísima, feliz de poder ayudarle y de ofrecerle sus cuidados. Al pensar en los hogares cristianos, me gusta imaginarlos luminosos y alegres, como fue el de la Sagrada Familia. El mensaje de la Navidad resuena con toda fuerza: gloria a Dios en lo más alto de los cielos, y paz en la tierra a los hombres de buena voluntad (Lc II, 14.). Que la paz de Cristo triunfe en vuestros corazones, escribe el apóstol (CoI, 15.). La paz de sabernos amados por nuestro Padre Dios, incorporados a Cristo, protegidos por la Virgen Santa María, amparados por san José. Esa es la gran luz que ilumina nuestras vidas y que, entre las dificultades y miserias personales, nos impulsa a proseguir adelante animosos. Cada hogar cristiano debería ser un remanso de serenidad en el que, por encima de las pequeñas contradicciones diarias, se percibiera un cariño hondo y sincero, una tranquilidad profunda, fruto de una fe real y vivida. 23 El matrimonio no es, para un cristiano, una simple institución social, ni mucho menos un remedio para las debilidades humanas: es una auténtica vocación sobrenatural. Sacramento grande en Cristo y en la Iglesia, dice san Pablo (Eph V, 32.) y, a la vez e inseparablemente, contrato que un hombre y una mujer hacen para siempre, porque —queramos o no— el matrimonio instituido por Jesucristo es indisoluble: signo sagrado que santifica, acción de Jesús, que invade el alma de los que se casan y los invita a seguirle, transformando toda la vida matrimonial en un andar divino en la tierra.

Los casados están llamados a santificar su matrimonio y a santificarse en esa unión; cometerían por eso un grave error si edificaran su conducta espiritual a espaldas y al margen de su hogar. La vida familiar, las relaciones conyugales, el cuidado y la educación de los hijos, el esfuerzo por sacar económicamente adelante a la familia y por asegurarla y mejorarla, el trato con las otras personas que constituyen la comunidad social, todo eso son situaciones humanas y corrientes que los esposos cristianos deben sobrenaturalizar. La fe y la esperanza se han de manifestar en el sosiego con que se enfocan los problemas, pequeños o grandes, que en todos los hogares ocurren, en la ilusión con que se persevera en el cumplimiento del propio deber. La caridad lo llenará así todo, y llevará a compartir las alegrías y los posibles sinsabores; a saber sonreír, olvidándose de las propias preocupaciones para atender a los demás; a escuchar al otro cónyuge o a los hijos, mostrándoles que de verdad se les quiere y comprende; a pasar por alto menudos roces sin importancia que el egoísmo podría convertir en montañas; a poner un gran amor en los pequeños servicios de que está compuesta la convivencia diaria. Santificar el hogar día a día, crear, con el cariño, un auténtico ambiente de familia: de esto se trata. Para santificar cada jornada, se han de ejercitar muchas virtudes cristianas; las teologales, en primer lugar, y luego todas las otras: la prudencia, la lealtad, la sinceridad, la humildad, el trabajo, la alegría... Hablando del matrimonio, de la vida matrimonial, es necesario comenzar con una referencia clara al amor de los cónyuges.

IV.6. San Francisco Javier: la misión ad extra

A) Vida

San Francisco Javier nació en el castillo de Javier (Navarra, España) en el año 1506. Cuando estudiaba en París (Francia), se unió al grupo de san Ignacio de Loyola. Fue ordenado sacerdote en Roma el año 1537 y se dedicó a obras de caridad. El año 1541 marcho a Oriente, donde incansablemente, en la India y Japón, durante diez años, convirtió a muchos a la fe. Murió a los cuarenta y seis años, en 1552, en la isla Sanchan, a las puertas de China.

B) La misión *ad extra*

La Iglesia es misionera y el gran Concilio Vaticano II nos habla en *Lumen Gentium* de la evangelización, que es la misión de anunciar el Evangelio de Cristo, palabra viva y eficaz para la salvación del género humano. La confirmación nos da la misión de anunciar el Evangelio guiado por el Espíritu Santo. San Francisco Javier, que es el santo patrón de las misiones de la Iglesia universal, nos muestra con su testimonio que **el amor es lo que da valor a nuestras obras**. Y el sacerdocio que nos trae Cristo es universal y de las obras más grandes, la de anunciar el Evangelio de Cristo, es de las primeras. Y un misionero es una gran figura, un padre de muchos. Recuerdo personalmente que casi todos los misioneros de Bélgica y de Francia que he conocido, como los conozco yo, eran santos, creo que todos. Hoy en día, a pesar de la crisis de las vocaciones, hemos de agradecer a Dios que siga suscitando misioneros animados por el deseo de hacerte conocer a los demás —**misión *ad extra***— y de firmar en la fe y la esperanza a los que ya te conocen —**misión *ad intra***—. Siento no hablar de las grandes naciones que llevaron la buena noticia a los demás, el caso del Imperio español e Inglaterra o naciones como Bélgica y Francia, gracias a las cuales la buena noticia llegó a mi tierra. «Africanos, sois ahora vuestros propios misioneros», dijo el papa Pablo VI, que en *Evangelii nuntiandi* n.º 6b dice: «Evangelizar no es para nadie un acto individual y aislado, sino profundamente eclesial».[98] El ejemplo de Francisco Javier es gigante, porque consiste en una muestra de amor al Evangelio de Cristo, y no a sus intereses egoístas. Hoy por hoy, es posible a causa de algunas razones, por ejemplo, de condición social, uno que quiere ser sacerdote para algunos intereses o que se quiere abandonar donde el Señor lo ha llamado y verdaderamente lo quiere para ir donde él cree encontrar sus intereses. Y el otro ve que el Señor lo ha llamado solo a ser sacerdote donde ha nacido y no puede ir en a lugar o una nación pobre económicamente. Creo que sin los sacerdotes que en los siglos pasados dejaron todo para ir a tierras africanas, por ejemplo, quizá mis abuelos podían estar muertos sin conocer a Cristo ni recibir su cuerpo y su sangre. Yo, cuando había llegado a Occidente, me di cuenta de que son santos y personas a las qeu felicitar los pocos sacerdotes y las religiosas naturales de este continente, que dejan hoy lo mucho (no todo) que tienen para ir a evangelizar en tierra lejana y, por supuesto, donde la vida no es como aquí. Lo importante aquí es descubrir a qué el Señor nos llama verdaderamente, discernir en el Señor y decidir en él y para mayor gloria suya.

C) Meditación

(De las cartas y escritos de san Francisco Javier)

1. Venimos por lugares de cristianos que ahora hará ocho años que se hicieron cristianos. En estos lugares no habitan portugueses, por ser la tierra muy pobre y estéril, en extremo paupérrima.

---

[98] Pablo VI, *Evangelii nuantiandi*, n.º 6b.

2. Los cristianos de estos lugares, por no haber quien les enseñe nuestra fe, no saben más de ella que decir que son cristianos. No tienen quien les diga misa, ni menos quien les enseñe el credo, *Pater Noster*, Ave María ni los mandamientos.

3. En estos lugares, cuando llegaba, bautizaba a todos los muchos que no eran bautizados; de manera que bauticé a una gran multitud de infantes que no sabían distinguir la mano izquierda de la derecha. Cuando llegaba a los lugares, no me dejaban los muchachos ni rezar el oficio ni comer ni dormir, sino que les enseñaba algunas oraciones. Entonces comencé a conocer por qué de los tales **es el reino de los cielos**.

4. Como tan santa petición no podía sino impíamente negarla, comenzando por la confesión del Padre, Hijo y Espíritu Santo, por el credo, *Pater Noster*, Ave María, así los enseñaba.

5. Conocí en ellos grandes ingenios; y si hubiese quien los enseñase en la santa fe, tengo por muy cierto que serían buenos cristianos.

6. Muchos cristianos se dejan de hacer, en estas partes, por no haber personas que en tan pías y santas cosas se ocupen. Muchas veces me mueven pensamientos de ir a los estudios de esas partes, dando voces, como un hombre que tiene perdido el juicio, y principalmente a la Universidad de París, diciendo en la Sorbona a los que tienen más letras que voluntad, para disponerse a fructificar con ellas: ¡cuántas almas dejan de ir a la gloria y van al infierno por la negligencia de ellos!

7. Y así como van estudiando en letras, si estudiasen en la cuenta que Dios, nuestro Señor, les demandará de ellas, y del talento que les tiene dado, muchos de ellos se moverían, tomando medios y ejercicios espirituales para conocer y sentir de sus ánimas la voluntad divina, conformándose más

con ella que con sus propias afecciones diciendo: «Aquí estoy, Señor, ¿qué debo hacer? Envíame adonde quieras».

IV.7. Padre Pío de Pietrecina: la unión a la pasión de cristo

A) Vida

Francesco Forgione, conocido como Padre Pío de Pietrecina, nació en Pietrecina el 25 de mayo de 1887. Fue un fraile capuchino y sacerdote católico italiano famoso por sus dones milagrosos y por los estigmas que presentaba en las manos, pies y costado. Le fue dado el nombre de Pío cuando ingresó en la Orden de los Hermanos Menores Capuchinos y fue el primer sacerdote a ser estigmatizado, fue un gran confesor y decía el santo sacrificio de la misa con mucha devoción.

Falleció el 23 de septiembre de 1968 a los ochenta y un años; fue beatificado por san Juan Pablo II el 2 de mayo de 1999 y canonizado por el mismo pontífice el 16 de junio de 2002.

B) Unión a la pasión de Cristo y dones del Padre Pío

No puedo dudar en decir que lo que hizo más famoso al Padre Pío fue el fenómeno de los estigmas, llamados pasionarios, porque fueron semejantes a los de Jesucristo: heridas en manos, pies, costado y hombro, dolorosas, aunque invisibles entre los años 1911-1918, antes de hacerse visibles durante cincuenta años, desde septiembre de 1918 hasta septiembre de 1968. Su sangre tenía, al parecer, perfume de flores, aroma asociado a la santidad. Miles de personas acudían a él no solo para verlo, sino también para besarle las manos. Fue un gran confesor que decía la misa con todo el corazón y el alma. Su ejemplo y su intercesión ayudan y pueden ayudar a muchos cristianos hoy, especialmente a los sacerdotes perseguidos, desanimados, a todos los cristianos que sufren en su cuerpo y en su alma.

C) Meditación

(Algunos dones del santo Padre Pío de Pietrecina)

El don y la gracia de ver los pecados del alma en confesión

Padre Pío tenía un gran don que usó frecuentemente durante el ministerio cuando servía a través del sacramento de la confesión, fue la capacidad de ver la vida de quienes se confesaban y de leer sus conciencias y almas, esto fue un don que utilizó de manera frecuente. Hay varias anécdotas que se cuentan del Padre Pío, sobre todo para la confesión con él. No aceptaba a quienes no tomaban suficientemente como algo sagradísimo el sacramento de la reconciliación. Hasta llegó a decir que el sacramento de la confesión era profanado por los que se iban a confesar sin la intención de cambiar la vida, es decir, de convertirse; y el padre añadía que los que profanaban de esta manera seguían siendo culpables ante Dios.

Padre Pío de Pietrecina leía el pensamiento
Tenía el don especial de leer en las mentes y los pensamientos a la distancia.

Algunas citas de Padre Pío. C. Francesco, La «autobiografía» secreta del Padre Pío
Solo soy un humilde fraile que ora...

Reza, ten fe y no te preocupes. La preocupación es inútil. Dios es misericordioso y escuchará tu oración... La oración es la mejor arma que tenemos; es la llave al corazón de Dios. Debes hablarle a Jesús, no solo con tus labios, sino con tu corazón. En realidad, en algunas ocasiones debes hablarle solo con el corazón.

Dulce es la mano de la Iglesia también cuando golpea, porque es la mano de una madre.

Haré más en el cielo que lo que puedo hacer aquí en la tierra.

Conclusión parcial

En este cuarto y último capítulo he ilustrado los ejemplos de algunos santos que con la gracia divina se buscaron y amaron totalmente a Dios y vivieron bien su sacerdocio hasta santificándose diariamente. Son muchos esos santos en nuestra Iglesia católica, he dado unos ejemplos, como el de san Juan María Vianney, con la santidad del sacerdote y de sus fieles, la fuerza y el amor de la oración. Tomás de Aquino y la eucaristía como la centralidad de la espiritualidad sacerdotal. San Pío X, un pastor al servicio de sus ovejas mediante la catequesis y, sobre todo, la misa celebrada y vivida. Santa Teresita del Niño Jesús y el camino de la infancia espiritual: reconocer nuestra pequeñez ante Dios y amarlo con una actitud de un niño. San José María Escribá: la caridad pastoral y el valor del matrimonio cristiano católico. San Francisco Javier, el gran evangelizador de los que ignoran a Cristo y su palabra. Padre Pío de Pietrecina: unión a la pasión de Cristo.

Conclusión general

«Vivir el sacerdocio como camino de santidad». Al finalizar este libro centrado en el tema y titulado *Escogido de los hombres para los hombres. El sacerdocio ministerial ante los cambios modernos,* tengo que recordar que el esfuerzo ha consistido en dar respuesta a las principales cuestiones del orden doctrinal, disciplinar y pastoral que se plantean en el ministerio sacerdotal ante los desafíos de la nueva evangelización. **La inculturación no puede ser una excusa para cambiar los elementos fundamentales de la fe**. Así, como he dicho y he demostrado, el ministerio sacerdotal atraviesa en nuestros días una crisis de identidad en todas las partes del mundo, y no solo en Occidente, como algunos pueden pensar.

Vivimos en una época que sigue marcada por diversos trastornos, debidos a una cierta decadencia de los valores humanos esenciales o fundamentales, en particular, respecto a la disponibilidad de mantener los compromisos libremente asumidos o la decisión libre y conscientemente tomada de aceptar la llamada y entrar en el seminario para ordenarse sacerdote; por tanto, como sacerdote se ha de vivir mirando a Cristo, el mundo que no está cansado de sus maldades necesita, al contrario los buenos testimonios de todos los sacerdotes y futuros sacerdotes, y no hay ni habrá mayor testimonio que el de Cristo, Dios verdadero, que se encarnó en el seno de una mujer, la Virgen María, y se hizo verdadero hombre. Qué alegría cuando se diga en el futuro de la Iglesia, de muchos o de un sacerdote de esta época, lo que el santo padre, hace muy poco, ha dicho de la santa Teresita del Niño Jesús en su exhortación apostólica *C'est la Confiance*. El papa Francisco afirma: «En el nombre que ella eligió como religiosa se destaca Jesús el Niño, que manifiesta el misterio de la encarnación y la santa faz».[99]

Nos vemos obligados a construir nuevas relaciones con una sociedad en la que encontramos ignorancia, hostilidad, miedo, engaños, relativismo y, en la mayoría de los casos, indiferencia de todo tipo, cansancio. Como dijo Benedicto XVI, el sucesor directo de san Juan Pablo II a la sede de san Pedro, hablando en general de todo el mundo y de manera particular del mundo occidental:

> Un mundo cansado de su propia cultura. Un mundo que ha llegado a un momento en el cual ya no se siente la necesidad de Dios, y mucho menos de Cristo, y en el cual, por consiguiente, parece que el hombre podría construirse a sí mismo... Naturalmente, también la vida cristiana resulta una opción subjetiva y, por ello, arbitraria; y, si es arbitraria; y si es difícil creer, mucho más difícil es entregar la vida al Señor para ponerse a su servicio.[100]

Esa incómoda dimensión es para todos los sacerdotes un ámbito de conversión y de creatividad. En un mundo cambiante como el nuestro, donde a veces nos hacemos preguntas sobre el papel del sacerdote o la naturaleza del sacerdocio, **la referencia esencial es Cristo, sumo y eterno sacerdote, esposo de nuestra Santa Madre Iglesia,** y es en torno a Él que tenemos que hacer toda la reflexión sobre la manera de vivir el ministerio y la vida de los sacerdotes, pidiendo, sin duda, la intercesión de todos los santos, pero ante todo la de su Santísima Madre y Madre Nuestra, la Santísima Virgen María.

---

[99] Francisco, papa, *C'est la Confiance*. Exhortación apostólica en 150 aniversarios del nacimiento de Teresita del Niño Jesús y de la Santa Faz.

[100] Benedicto XVI, *Discurso a los sacerdotes del valle de Aosta* (Italia), 28 de julio de 2005.

Para ello, he querido explicar la verdadera identidad sacerdotal, tal como la quiso el Divino Maestro y como la Iglesia siempre la ha vivido, la vive y la vivirá. Esta identidad no es conciliable con aquellas tendencias, grupos, culturas o personas que quisieran suprimir o vaciar el contenido de la realidad del sacerdocio ministerial, sean reinas o emperadores, tampoco los que relativizan y la minimizan. En efecto, el sacerdocio es un **don de Dios** que ha regalado a la Iglesia y al mundo y que aún hoy conserva su valor. El sacerdote no es otra cosa que **Jesucristo presente y prolongado, ayer, hoy y siempre.** Al don de Dios, la Iglesia responde con acción de gracias, fidelidad, docilidad al Espíritu, oración humilde e insistente; por eso, como lo decía hoy el cardenal Aveline, arzobispo de Marsella a los seminaristas de Francia:

> El seminarista, el sacerdote han de recordar siempre estos tres votos:
>
> – Acompañar la marcha de Dios hacia el pueblo del mundo.
>
> – Expresar cuánto es grande la fidelidad de Dios, a pesar de nuestras infidelidades.
>
> – Entrar en el deseo de Dios, es decir, hacer lo que Dios quiere que hagamos y ser lo que Dios quiere que seamos.[101]

El sacerdote debe entregarse a sus hermanos y a sus hermanas; por eso tiene que tener a Cristo que el mundo necesita y ya intenta olvidarse, por eso que el sacerdote debe tener primero a Cristo y luego ir a darle a los demás, porque nadie da lo que no tiene; que el sacerdote, contando sobre la misericordia divina, sobre la gracia de los sacramentos, como el de la penitencia, las virtudes teologales y humanas, como la verdadera humildad, la pobreza y así puede seguir e ir viviendo, como signo de caridad

---

[101] Cardenal Aveline, *Homilía en el encuentro de los seminaristas de Francia*, 3 de diciembre de 2023.

sobrenatural, en la obediencia, en la castidad del celibato, en la sencillez y en el respeto a la disciplina de la comunión en la Iglesia, poniendo en el centro de su vida y viviendo diariamente el **santo sacrificio de la misa**, no solo decir este sacrificio para los fieles, sino decirlo y vivirlo también en sí mismo y para sí mismo.

En su obra de evangelización, el sacerdote trasciende el orden natural que debe establecerse en toda su relación con Dios. En efecto, está llamado a elevar al hombre haciéndole nacer la vida divina y haciéndolo crecer en ella hasta la plenitud de Cristo. La nueva evangelización necesita evangelizadores, sacerdotes comprometidos a **vivir su sacerdocio como camino de santidad**. Son los hombres de Dios quienes hacen las obras de Dios. Como Cristo, el sacerdote debe presentarse al mundo como modelo de vida sobrenatural, no **una simple presentación visible al mundo**, sino contando con la gracia divina, esa conciencia de que, como sacerdote, es un *alter Cristo*. El testimonio de vida califica al sacerdote y constituye su predicación más convincente. Por eso el sacerdote ha de mirar a algunos santos, como san Juan María Vianney o el Cura de Ars, ejemplo de un cura que hace todo para el bien de las almas; el pastor angélico con la unión sacramental del sacerdote, san Pío X, con su ejemplo de humildad, de un pastor catequista que dice y vive el santo sacrificio de la misa; la gran santa de los tiempos modernos, Teresa del Niño Jesús, con su camino de la infancia espiritual, **amar a Dios con confianza total** y reconocer nuestra pequeñez ante Él, **evitar el culto exterior**. La santificación en la vida ordinaria y la familia con san José María Escriba; la misión *ad extra* con san Francisco Javier. No podemos olvidar de subrayar la unión a la pasión de Cristo, la esperanza y perseverancia con san Padre Pío de Pietrina y san Juan Pablo II.

Vivid el sacerdocio como camino de santidad, permitidme repetirlo. Es aquí donde se abre el horizonte de la formación de la identidad, de la vida, del ministerio, de la formación permanente del sacerdote ante las emergencias de la nueva evangelización: una responsabilidad inmensa, dinámica, valiente, **iluminada por la fe, sostenida por la esperanza, arraigada en la caridad.** La respuesta a varias preguntas que nos hacemos hoy sobre la crisis de la Iglesia se encuentra en **la fidelidad a la vocación recibida.** La pasividad, la indiferencia y la hostilidad de nuestras sociedades no son las únicas dificultades externas por afrontar. La Iglesia actual debe velar por los puntos de vigilancia internos, contando y mirando a los testimonios preciosos de los santos de todos los tiempos, ser fieles, es decir, estar unidos a Cristo y a su esposa, nuestra madre, la Iglesia, viviendo, transmitiendo, es decir, enseñando lo que se ha recibido como los primeros apóstoles para así merecer apropiarse estas palabras del apóstol de los gentiles, san Pablo: «TRADIDI QUOD ET ACCEPTI, es decir "HE TRANSMITIDO LO QUE YO MISMO HE RECIBIDO"» (1Co 15, 3).

Agradecimientos

Al final de este libro, fruto del amor de Dios, por su hijo Jesucristo y mediante la acción del Espíritu Santo, agradezco de corazón a los que directamente o indirectamente me han ayudado a concretizar esta obra para la gloria de la Santísima Trinidad.

De manera singular, mi gratitud a mi familia biológica, especialmente a mis padres, Gustave y Marthe, a mis hermanos, Ephraim, Manassé, Emmanuel, y a mis queridas hermanas, Benita y Samuela, por todo vuestro apoyo, que no puedo ni contar ni enumerar, y también a mis queridos padres de corazón, Miguel Ángel y Ana Infante, su amigo Pepe y a toda nuestra familia española especialmente a Gema, Luis e Isabel; sin olvidar la familia Von Brumenthal en Bélgica-Luxemburgo, para sus consejos, oraciones y acogida.

Mis sentimientos de gratitud a mi obispo, monseñor Félicien, por la confianza que tiene en mí y a través él todo el clero de mi querida diócesis de Kabinda, y de manera especial el vicario general don Lambert Kankieza y el rector de nuestro Seminario Interdiocesano, don Robert Kasongo. Estos agradecimientos son dirigidos también a la archidiócesis de Toledo, al arzobispo primado, al rector, a los profesores y a todos los formadores del

Seminario Mayor San Ildefonso de Toledo y a mi director espiritual, Dr. don Félix del Valle.

Agradezco también a todos los sacerdotes, seminaristas, jóvenes, niños y niñas de la Cruzada Eucarística de Bruselas, a los padres dominicos de Nice, a don Théodore, a sor Rose, así como a todos mis amigos y amigas del Congo, Francia, Bélgica, España, Canadá, Holanda, Haití y México y a todos los lectores de este libro.

Termino agradeciendo a Christiane, Teresa, Araceli, a algunos profesores de la Universidad de Lovaina y a la editorial Caligrama, a los que van a trabajar para la traducción de mi libro en holandés y francés por sus oraciones, orientaciones y apoyos.

Omnia in Gloriam Dei.
Todo por la gloria de Dios.
Tout pour la gloire de Dieu.
Lévi Kasongo

Bibliografía escogida

A. Escritura santa

Biblia de Jerusalén. París, Cerf, 2001.

Sagrada Biblia. Versión de la Conferencia Episcopal Española. Madrid, BAC, 2014.

B. Documentos del magisterio de la iglesia

Juan Pablo II (papa). *Pastores dabo vobis. Exhortación apostólica postsinodal, sobre la formación de los presbíteros en las circunstancias actuales.* Madrid, Edibesa, 1992.

_____ *Redemptoris Missio. Carta encíclica sobre el valor permanente del precepto misionero.* París, Cerf, 1990.

_____ *Redemptoris Mater. Carta encíclica sobre la bienaventurada Virgen María, la vida de la Iglesia peregrina.* Roma.

_____ *Ecclesia de eucaristía. Encíclica.*

Pablo VI (papa). *Sacerdotalis Caelibatus. Carta encíclica sobre el celibato sacerdotal*. París, Cerf, 1967.

_____ *Evangelio Nuantiuandi*. Madrid, Edibesa, 1992.

Pío XII (papa). *Encíclica Mediator Dei*.

Congregación para el Clero. *Directorio para el ministerio y la vida de los presbíteros*. París, Centurión, 1994.

Catecismo de la Iglesia católica. Madrid, s. e., 1992.

Francisco (papa). *Querida Amazonia. Exhortación apostólica postsinodal sobre la Amazonia*. París, Pierre Téqui, 2020.

_____ *C'est la confiance. Exhortación apostólica sobre la confianza…* Roma, 2023.

C. Otras obras

Benedicto XVI y Sarah, R. *Desde lo más profundo de nuestro corazón*. París, Fayard, 2020.

_____ *Para la eternidad. Meditaciones sobre la figura del sacerdote*. Madrid, Palabra, 2022.

Francisco (papa). *Mensaje del santo padre Francisco firmado por el cardenal Paolini, para el encuentro de los seminaristas de Francia* (2 de diciembre de 2023).

Catecismo de san Pío X.

Grignon de Montfort, Luis María. *Tratado de la verdadera devoción a la Santísima Virgen*. Barcelona, Cambel, 2006.

Aveline, Jean-Marc (cardenal). *Homilía del encuentro de los seminaristas de Francia*. París, 3 de diciembre de 2023.

Biduaya Badiunde, V. M. *Le ministère sacerdotal dans les eaux houlleuses du monde contemporain. Et si le prêtre lui-même n'y croyait plus?* París, Harmattan, 2021.

_____ *Nuevos movimientos religiosos y el futuro del cristianismo en África. Cuestión sociológica y desafío catequético*. París, Harmattan, 2021.

Tomás de Aquino, *Summa Theologiae*.

González, Manuel. *Lo que puede un cura hoy*. Madrid, EGDA, 1999.

Valle, Félix del. *Quise desposaros con un único esposo. La vida cristiana como relación esponsal con cristo*. Burgos, Fonte, 2022.

Vadillo, E. *El misterio de la Iglesia. Introducción a una eclesiología de la participación*. Madrid, 2022.

Cerro, Francisco. *Testigos de la misericordia divina*. Carta pastoral. Toledo, 15 de agosto.

Lizalde, J. L. *Todos los santos africanos*. Madrid, Mundo Negro.

Juan de Ávila. *Tratado sobre el sacerdocio*. Montilla-Córdoba.

Roeggl, A. ¿Qué decir a nuestros penitentes? Mulhouse, Salvador, 1948.

Nicolas, M. J. *La gracia de ser sacerdote*. París, Desclée, 1986.

Cibaka Cikongo, A. *Les tentations d'un prêtre africain. Méditations d'un jubilé*. Mbujimayi, Éditions Ditunga, 2020.

Bustillo, F. *La vocación del sacerdote ante las crisis. Fidelidad creativa*. París, Ciudad Nueva, 2021.

Índice